Werner Gamerith

Gehölze im naturnahen Garten

Inhalt

Vorwort

Gehölze sind die grünen, atmenden Lungen in unseren Siedlungen und Gärten. Sie strukturieren grüne Flächen, spenden Schatten und dämpfen Lärm. Nicht zuletzt sind sie für viele Tiere der Lebensraum schlechthin in dem sie Nahrung und Unterschlupf finden. Natürlich genießen auch wir Menschen unter ihrem Laub Spiel, Ruhe und Erholung, und erfreuen uns an den schönen Blüten und köstlichen Früchten.

Während an den meist unscheinbaren Koniferen der Wechsel der Jahreszeiten fast spurlos vorübergeht, wird der Naturgarten zu ihrem Spiegel. Wenn die Haselnussblüten den Frühling ankündigen, rücken Sie der Natur ein Stück näher. Sobald die winterfeuchten Böden trocken sind, geben blühende Weiden und viele Wildobstarten das Signal für ausgedehntere Gartenaufenthalte. Ein Sommer ohne weiße Holunderblüten und duftende Heckenrosen ist nur halb so schön. Rote Ebereschentrauben und Frühzwetschken künden den Herbst an. In der kühleren Jahreszeit schenken uns die Gehölze auch noch eine köstliche Ernte von Hagebutten, Brombeeren oder Dirndln, bevor Herbstblüher und Laub die letzte Farbenpracht im Garten inszenieren.

Doch wie behält man den Überblick über die Vielfalt der Gehölze? Wie integriert man sie am besten in die Gartengestaltung? Was sollten wir bei der Nutzung und Pflege beachten? Antwort auf diese Fragen und viele andere mehr finden Sie in diesem Buch. Wir wünschen Ihnen damit viel Vergnügen und vor allem gärtnerischen Erfolg.

Landeshauptmann Dr. Erwin Pröll — Landesrat Mag. Wolfgang Sobotka

Ihr Erwin Pröll

Lebensformen und Gartenpflanzen

Holzgewächse überdauern Frostperioden hoch über dem Boden, während Kräuter bis zur Oberfläche zurückfrieren. Das Holz befähigt diese Gewächse zu Rekorden an Größe, Alter und Veränderung von Lebensräumen. Auch für uns Menschen haben sie eine vielfache Bedeutung. Biologische Kenntnisse können im Garten manche Arbeit mit ihnen reduzieren und Lebensvielfalt fördern.

Was Gehölze können

Einen Baum oder einen Strauch von einer nicht verholzenden Pflanze zu unterscheiden ist nicht schwer. Selbst Fachleute wie Gärtner und Ökologen teilen die Welt der Gewächse meistens zunächst nach diesem Aspekt und erst in zweiter Linie nach ihrer stammesgeschichtlichen Verwandtschaft und der Systematik in Gattungen und Familien ein. Das erste Kriterium ist im Allgemeinen die Zuordnung als Ein- oder Zweijährige, als ausdauernde Staude oder Zwiebel- und Knollenpflanze, als Strauch oder Baum.

Lebensformen und Vorteile

Die genannten Gruppen sind leicht zu unterscheiden. Sie erfordern im Garten sehr unterschiedliche Behandlungen, da es sich um verschiedene Strategien der Pflanzen handelt, ungünstige Jahreszeiten zu überleben.

Wir erkennen das am einfachsten an der Position der Erneuerungsknospen. Bei ausdauernden krautigen Gewächsen befinden sich diese am oder im Boden.

Nur Gehölze wie der Traubige Holunder treiben im Frühling hoch über dem Boden aus.

Bei Einjährigen fehlen sie gänzlich, da diese nur als Samen überwintern. Nur Gehölze bilden Winterknospen hoch über dem Boden. Denn nur verholzte Sprosse sind frosthart und widerstehen der Austrocknung. So friert die Pflanze nicht alljährlich zurück oder vertrocknet in wasserarmen Zeiten, sondern wächst im Frühling dort weiter, wo sie im vorigen Sommer ihr Wachstum beendet hat.

Dem Licht entgegen ❧ Ein Plus der Holzpflanze wird sofort klar, wenn wir bedenken, dass für alle grünen Gewächse das Sonnenlicht die einzige Quelle ihrer Lebensenergie und damit ihre wichtigste Nahrung ist. In der Konkurrenz um das Licht kann sich eine höhere Wuchsform einfach besser durchsetzen. Zudem steigt die Chance der Befruchtung, vor allem durch Wind, wenn die Blüten hoch hängen. Das Gleiche gilt für Samen, die mit Flügeln für die Windverfrachtung eingerichtet sind.

Gehölze verändern das Aussehen der Erde

Nicht nur für einzelne Arten hat die „Erfindung" des Holzes Vorteile gebracht. Sie hat vielmehr das Pflanzenkleid und in weiterer Folge das Leben auf unserem Planeten entscheidend bereichert. War im Erdaltertum nur in tropischen Sümpfen die Entstehung von Wald möglich, so besiedelte in späteren Epochen diese biomassereiche Vegetationsform auch Landgebiete, deren Klima Trocken- oder Frostperioden aufweist.

Der Wald ❧ ermöglichte eine optimierte Bodenbildung und ein ausgeglicheneres Kleinklima. Holzgewächse bieten Nahrung und Schutz, nicht nur für zahlreiche Tiere. Sie beherbergen in ihren großen und reichhaltigen Strukturen äußerst komplexe Lebensgemeinschaften. Und sie waren auch eine (von vielen) Voraussetzungen für die Entwicklung der Menschheit. Bis zum heutigen Tag ist Holz für uns ein unersetzlicher Werkstoff, so wie uns Gehölze auch unverzichtbare Nahrungsmittel, Energieträger und Grundstoffe für Papier oder Chemieprodukte liefern.

Fotosynthese in aller Kürze

Bei diesem chemischen Vorgang wird Sauerstoff freigesetzt, Kohlendioxid fixiert und dadurch die Erdatmosphäre und das Weltklima stabilisiert. Anorganisches wird in Organisches umgewandelt und Sonnenenergie gespeichert. Grüne Pflanzen stehen am Anfang der Nahrungsketten und sind auch in anderer Hinsicht die Basis allen höheren Lebens. Holzgewächse sind ein wichtiger Teil davon.

Holz – ein ganz besonderer Stoff

Lignin und Zellulose heißen die organischen Kohlenstoffverbindungen, die beim Verholzen die Zellwände verstärken, dadurch gegen Frost und Dürre widerstandsfähig machen und gleichzeitig zu Elementen starker Stützgewebe ausbauen. Erst deren Festigkeit und Elastizität ermöglicht die Eroberung des Raumes durch die beeindruckende Architektur aus schlanken Stämmen und Zweigen. Im Holz befinden sich Gefäße, feine Kapillarröhren, in denen das von den Wurzeln aufgenommene Wasser mit gelösten Nährstoffen zu den Blättern geleitet wird. Dort wird es bekanntlich mit Hilfe des Blattgrüns und der Energie des Lichtes mit aus der Luft aufgenommenem Kohlendioxid verbunden, so dass Zucker (Glucose) entsteht.

Dickenwachstum

Bäume und Sträucher wachsen aber nicht nur in die Länge. Schon aus statischen Gründen müssen sie auch gleichzeitig dicker werden, d. h. die

Jedes Jahr wird der Holzquerschnitt durch einen weiteren Ring verstärkt.

Tragkonstruktion wird entsprechend ihrer zunehmenden Last laufend verstärkt. Dieses „sekundäre Dickenwachstum" gibt es nur bei Holzgewächsen. Jahr für Jahr wächst außen am Stamm ein neuer „Jahresring" dazu. Am Querschnitt lässt sich so das Alter in Jahren abzählen, breite und schmale Zuwächse kennzeichnen dabei günstige und magere Jahre.

Kernholz und Splint

Der Wassertransport vollzieht sich bei vielen Arten nur in den jüngsten, noch lebenden Jahresringen, die dann als Splintholz bezeichnet werden. Die inneren, älteren Bereiche verstopfen durch die Einlagerung von konservierenden Gerb- und Farbstoffen und bilden das dunklere und härtere Kernholz. Bei Föhre und Lärche, Eiche und Walnuss, Zwetschke und Apfel beispielsweise ist der Kern deutlich zu erkennen und gegen den Angriff von Verwitterung, Pilzen und Insekten deutlich widerstandsfähiger als der Splint. Andere Arten, z. B. Ahorn, Birke, Erle oder Buche weisen hingegen nur Splintholz auf.

Borke, Bast und Kambium

Die im Stoffwechsel der Blätter hergestellten organischen Stoffe werden in gesonderten Bahnen im Bast in den Pflanzenkörper verteilt. Diese dünne, faserige Schicht befindet sich gleich unterhalb der Rinde. Darunter, unmittelbar über der jüngsten Holzschicht, liegt noch eine wenig auffällige, aber lebenswichtige Gewebeschicht, das Kambium. Dessen teilungsaktive Zellen bilden innen Holz, außen Bast und Borke. In diesem oberflächennahen Bereich vollziehen sich wesentliche Lebensvorgänge einer Holzpflanze. Das erklärt, dass Rindenverletzungen schlecht verheilen und dass man einen Baum durch „Ringeln", bei dem alle Bastfasern durchschnitten werden, relativ leicht zum Absterben bringen kann.

Der Kern ❧ hingegen ist nicht lebensnotwendig. Wenn dieser morsch und der Stamm hohl wird, kann der Baum noch viele, viele Jahre alt werden. Er bricht nur leichter, wenn sein geschwächter Stammquerschnitt die Lasten von Eigengewicht, Fruchtbehang, Nassschnee oder Sturm nicht mehr tragen kann.

Ein morscher Fichtenstamm gibt Einblick in seine Konstruktion.

Gehölze prägen Aussehen und Leben der Erde. Naturnahe Wälder bei Schwallenbach, Wachau.

Rekorde, Symbole, Partnerschaften

Die Festigkeit und Dauerhaftigkeit des Holzes sowie die Möglichkeit des fortgesetzten Längen- und Dickenwachstums befähigen Holzgewächse zu Rekordleistungen an Größe und Alter.

Die größten und ältesten Lebewesen

Bäume sind die größten und langlebigsten Organismen, die die Erde hervorgebracht hat. Etliche Meter tief durchwurzeln und erschließen sie den Boden in ihrem Umkreis. Dutzende Meter hoch ragen sie in die Luft. Viele Jahrhunderte lang überleben sie Menschengenerationen und geschichtliche Epochen.

Der Maibaum ist ein besonders eindrucksvolles Lebensbaumsymbol.

Vielfalt und Veränderung

Entsprechend der natürlichen Vielfalt gibt es nicht „den" Baum, sondern viele Arten von Gehölzen mit unterschiedlichen Ansprüchen, Eigenschaften und Formen. Schon von Weitem

Bäume begleiten den Menschen

Kein Wunder, dass zu allen Zeiten Menschen unterschiedlichster Kulturen stattliche alte Bäume in irgendeiner Weise verehrten oder junge pflanzten, um besonderen Orten Dauer und Würde zu verleihen. Ihre Bedeutung als Lebensbaum ist im Brauchtum wie im Design, als dekoratives Symbol der Volkskunst, wie der modernen Werbung ungebrochen. Von heidnisch anmutendem Abwehrzauber, z. B. dem alpenländischen „Siebenerlei", einem winterlichen Strauß mit je einem Zweig von Efeu, Kirsche, Hasel, Mistel, Tanne, Eibe und Stechpalme, bis zum christlichen Palmbuschen, Barbarazweig oder Weihnachtsbaum begleiten uns Gehölze bis ins Wohnzimmer.

erkennt der Kundige, ob es sich um eine Birke oder Buche, Eiche oder Esche, um einen Zwetschkenbaum, einen Birnbaum oder einen Apfelbaum handelt.

Insbesondere im entlaubten Zustand zeigt jede Art bereits im Wuchs ihren Charakter. Noch sicherer ist ein einzelner kahler Zweig an der Anordnung und Form seiner Knospen, an der Farbe und Struktur seiner Rinde zu bestimmen.

Mit den Jahreszeiten ❧ Während der Wachstumsperiode kommt ein unglaublicher Formenreichtum an Blättern, Blüten und Früchten hinzu. Leuchtende Beeren im Herbst, bunte Blütenzweige in allen Frühlingsmonaten, arteigene Umrisse und Grüntöne der Blätter führen uns das schöpferische Spiel der Natur vor Augen. An den Gehölzen in ihrem wechselnden Schmuck erleben wir den Rhythmus und die Schönheit der Jahreszeiten besonders intensiv, vor allem, wenn wir Tiere beobachten, die dort Nahrung und Lebensraum finden.

Ein kahler Birnbaum mit munter zwitschernden Vögeln an einem nebelverhangenen Wintertag vermag uns ebenso zu berühren wie im strotzend grünen oder herbstlich bunten Blätterkleid oder im bräutlichen Blütenschmuck voller Bienensummen.

Fenster zur Natur

Über ihren praktischen Nutzen für den Menschen und über ihre große ökologische Bedeutung hinaus schenken uns Bäume und Sträucher unschätzbare Möglichkeiten, Natur zu erfahren, zu erleben und zu genießen. Dass diese Pflanzen in jedem Garten eine wichtige Rolle spielen, hat also viele gute Gründe und insbesondere im naturnahen Garten. Jedenfalls kann sich die Beschäftigung mit ihnen zu einer Beziehung entwickeln, die – wie stets im Leben – aus Freude, Leid und Arbeit gemischt ist. Ein wenig Wissen über die Eigenheiten dieser faszinierenden und vielseitigen Lebewesen kann jedoch mithelfen, dass die Freude überwiegt.

Eichen sind wie viele Gehölze an ihrer Gestalt zu erkennen.

Das Problem der Größe

Auch im Umgang mit unseren holzigen Pfleglingen hilft uns ein wenig Wissen über deren Biologie und Biografie, Fehler in Bezug auf Auswahl, Planung und Pflanzung zu vermeiden.

Die Sicht der Forstleute

Vielen Menschen fällt es oft recht schwer, das Wachstumspotenzial von Gehölzen richtig einzuschätzen. Bei Kindern und Haustieren, Blumen- und Gemüsepflanzen, die wir aufziehen, wissen wir aus Erfahrung schon ziemlich genau über deren spätere Größe Bescheid. Dagegen können

Im Landschaftspark können Buchen ihre Gestalt entfalten, ein Garten ist für sie meistens zu klein.

wir uns meistens nicht wirklich vorstellen, dass aus den kleinen Stämmchen aus der Baumschule bald bis zu 5 m große Sträucher oder in wenigen Jahrzehnten 10, 20, oder gar 30 m hohe Bäume entstehen. Sie überragen buchstäblich unseren alltagsbewährten Raum- und Zeithorizont. Nur Waldbauern und Forstleute sind gewohnt, in das ständig höher werdende Kronendach ihres Waldes zu blicken und in Zeitkategorien zu denken, die sich über mehrere Menschengenerationen erstrecken. Sie wissen auch, dass zwischen Pflanzung und Endnutzung auch mehrmals durchforstet werden muss, wobei zu dicht stehende Bäume entnommen werden.

Praxistaugliche Ästhetik Ein Garten ist selbstverständlich kein Forstbetrieb, sondern unser erweiterter Wohnraum, den wir auch mit Gehölzen nach praktischen Bedürfnissen und ästhetischen Vorstellungen einrichten wollen. Von Forstwirten können wir aber z. B. lernen, wie man mit diesen eigenwilligen Gewächsen angemessen umgeht.

Wichtiger als die Handhabung einer Motorsäge, die man ja auch einem Professionisten überlassen kann, ist die innere Freiheit, sich von einem zu groß oder in anderer Weise unpassend gewordenen grünen Gartenbewohner ohne Trauer trennen zu können, auch wenn wir ihn einst um teures Geld gekauft und mit viel Zuwendung groß gezogen haben. Denn anders als Staudenblumen oder Gemüsepflanzen lassen sich Gehölze ab einer gewissen Größe nicht mehr versetzen. Da bleibt oft nur noch das Zurückschneiden oder Fällen.

Die Säge gehört zum Gartenwerkzeug

Wenn wir uns von Anfang an mit dem Gedanken vertraut machen, dass so wie das Jäten oder Mähen auch das Sägen zur Gartenarbeit gehört, werden wir leichter zu einer nüchtern-pragmatischen Einstellung finden, die unserer Liebe zu Pflanzen nicht widersprechen muss.

Ein Garten ist nun einmal kein Urwald, sondern ein durch unsere Arbeit gestalteter halboffener Lebensraum, etwa einer Waldlichtung vergleichbar. Im Idealfall ist ein naturnaher Garten das vereinfachte Modell einer vielfältigen Kulturlandschaft. Selbst im schönsten Kulturland oder in dessen Idealisierung, dem englischen Landschaftspark, muss auch einmal geholzt werden. Mit einer überlegten Planung und Auswahl können wir aber ganz entscheidend dazu beitragen, dass solche Eingriffe später nicht unbedingt auf der Garten-Tagesordnung stehen.

Natürliche Wuchshöhe bevorzugen

Bekanntlich wächst kein Baum in den Himmel. Jedes Gehölz wächst zuerst etwas zaghaft, dann werden die jährlichen Triebe länger, bleiben ab einem gewissen Alter jedes Jahr gleich und werden dann immer kleiner. In der Natur stößt jedes Wachstum an Grenzen. Die durchschnittliche Wuchshöhe jeder Gehölzart gehört zu den wichtigsten Angaben in Baumschulkatalogen und Sortenverzeichnissen. Schließlich haben sich Generationen von Gehölzzüchtern bemüht, kleine Sorten für kleine Gärten zu schaffen.

Auch unsere Wildflora stellt uns eine reiche Auswahl schönster Bäume und Sträucher in unterschiedlicher Höhe zur Verfügung. Der Naturgärtner wird diese bevorzugen, weil sie im Allgemeinen robuster als Züchtungen sind und eine artenreiche Tierwelt fördern. Deswegen werden die wichtigsten Arten im Kapitel „Ziergehölze" (s. S. 46 ff.) vorgestellt.

Das richtige Größenverhältnis

Spätere Holzarbeit vermeiden wir am verlässlichsten, wenn wir zu groß werdende Gehölze erst gar nicht pflanzen, sondern uns von vornherein auf passende Formate beschränken.

Eine Fichte würde einen Apfelbaum bald um das Doppelte bis Dreifache überragen, obwohl wir sie vielleicht als viel kleineres Pflänzchen gesetzt haben. Bibernellrose, Sauerdorn und Schlehdorn erreichen kaum mehr als 2 m Höhe, während Haselnuss oder Weißdorn dreimal so hoch werden.

Riesen und Zwerge Es gibt nicht nur riesengroße und mittelgroße Holzgewächse, sondern auch ausgesprochene Zwerge. Im Zuge der Eroberung verschiedener Lebensräume haben Holzpflanzen alle nur denkbaren Anpassungsformen entwickelt. Während tiefgründige Böden und günstige Klimaverhältnisse hohe

Während der Kreuzdorn die Dachtraufe überragt, wird die Alpen-Johannisbeere nur 1,5 m hoch.

Bäume ermöglichen, sind kleine, geduckte Wuchsformen die angemessene Weise, in Trockenheit und Dürftigkeit, Hitze oder Kälte auszuharren.

Größe und Pflanzabstand

Der Höhe entspricht ein horizontaler Flächenbedarf, den wir theoretisch durch ausreichende Pflanzabstände ebenfalls berücksichtigen könnten, wenn wir späteres Auslichten einsparen wollen. Allerdings ist dies bestenfalls für Solitärgehölze gültig, für Bäume und Sträucher, die sich voll entfalten dürfen, wie wir es z. B. von Obstbäumen gewohnt sind. Es kann aber genau so sinnvoll sein, enger zu pflanzen und später jene Exemplare herauszunehmen, die vielleicht ohnehin nicht unsere Erwartungen erfüllen. Experimentieren und dabei lernen gehört ja zu den spannendsten Beschäftigungen im Garten.

Die Auswahl der Gehölze nach ihrer zum vorhandenen Raum passenden Größe ist neben Standorttauglichkeit und Robustheit die wichtigste Voraussetzung für einen pflegeleichten Garten. Wir vermeiden damit u. a. die einmal fällige Entfernung großer Bäume im Nahbereich von Gebäuden oder Straßen, die zu den gefährlichsten und teuersten Aktionen eines Gärtnerdaseins zählen und unbedingt Professionisten übertragen werden sollte.

Kleine und große Holzgewächse

Teppich- oder Spaliersträucher wie die arktisch-alpine Silberwurz kriechen und verzweigen sich höchstens 5 cm über dem Boden. Zwergsträucher erheben ihre verholzten Zweige 10 bis 50 cm über die Oberfläche und nutzen auf diese Weise den Schutz des Schnees und das günstigere Kleinklima in Bodennähe. Hierfür sind die Alpenrosen (Rhododendron) ein Beispiel, die Schnee oder einen anderen Schutz vor Frösten benötigen.
Halbsträucher wie Thymian oder Sonnenröschen verholzen an der Basis, aber sterben im oberen Bereich jährlich ab. Von Sträuchern sprechen wir ab einer Höhe von etwa 50 cm und meinen damit gleichzeitig, dass mehrere Haupttriebe von der Wurzelbasis ausgehen. Aus gartenpraktischen Gründen unterscheiden wir Klein- und Großstraucharten, wobei die Grenze zwischen beiden bei 2 bis 2,5 m liegt. Bäume werden allgemein höher als Sträucher und sind durch ihre einzige Hauptachse, den Stamm gekennzeichnet. Auch hier unterscheiden wir Kleinbäume mit Wuchshöhen bis etwa 15 m von den deutlich höheren Großbäumen.

TIPP **Mit kleineren Bäumen und Sträuchern werden wir leichter selber fertig. Langsam wachsende Arten und Sorten sparen zusätzlich Arbeit, weil sie seltener zurückgeschnitten bzw. wenn überhaupt, erst später gefällt werden müssen.**

Im Laufe der Zeit Bei Hecken sieht es anders aus. Diese sollen in der Regel möglichst dicht sein und Einblicke verhindern. Dafür nehmen wir auch in Kauf, dass mit den Jahren manches schwächere Exemplar von stärkeren Nachbarn unterdrückt wird.

Ein wesentlicher Gesichtspunkt beim Wachstum von Gehölzen ist die Zeit. Weiden z. B. wachsen besonders schnell, Wacholder und Eiben sehr langsam. Alle brauchen aber viele Jahre bis zu ihrer vollen Entwicklung.

Wir wollen jedoch in der Regel nicht Jahrzehnte warten, bis jedes Gewächs seinen vorgesehenen Platz endlich ausfüllt, sondern uns bereits im ersten Frühling an einem üppigen Wachstum im Garten erfreuen. Darum pflanzen wir mehr als später Platz haben wird. Nur was sich ändert, ist lebendig.

Planen & Gestalten mit Gehölzen

Gehölze haben im Garten viele sehr unterschiedliche Funktionen. Beschränken wir uns in diesem Abschnitt auf den Bereich der Gestaltung, denn zuallererst sollten sie für uns praktisch, interessant und schön sein.

Gehölze als Dekorations- und Bauelemente

Als Pflanzen an sich, mit der ihnen eigenen Wuchsform, ihrem Laub, ihrem Blüten- und Fruchtschmuck ist jeder Strauch und jeder Baum zunächst ein Dekorationsstück, das eine angemessene Umgebung erhalten muss. Als solitäre Einzelgestalt wirkt es anders als in einer Gruppe, in der Nachbarschaft ähnlicher Arten anders als im Kontrast mit unähnlichen.
Gehölze können je nach Anordnung und Höhe wie Mauern abschirmen oder Ausblicke ermöglichen. Sie sind Raumteiler und gliedern unseren Garten, schaffen repräsentative Offenheit oder intime Geborgenheit, werfen Schatten oder öffnen Sonnenplätze. All diese Möglichkeiten können wir schöpferisch erproben und kombinieren. Zuerst einmal als Gedankenspiel, wobei immer an die Wuchshöhe und -breite zu denken ist.

Die Natur als Vorbild

Ein wesentliches Gestaltungsprinzip der Natur ist die Vielfalt, weshalb im naturnahen Garten die gleichförmige Monokultur konventioneller Rasen- und Koniferenanlagen vermieden wird. Aber allzu viele krasse Gegensätze von Formen und Farben wirken unruhig und unschön, weil dies ebenfalls unnatürlich ist. Daher sollte man sich gegenüber Gehölzzüchtungen mit veränderten Laub- und Blütenfärbungen, geschlitzten Blattformen, Säulen-, Kugel-, Kriech- und Hängewuchs eher zurückhalten. Die ursprünglichen, in der Wildnis bewährten Formen und Farben sind in ihrer Schlichtheit meistens am schönsten und können kaum verbessert werden.

Sichtschutz durch Gehölze verleiht dem Garten paradiesische Geborgenheit.

TIPP Je kleinwüchsiger Obst- oder andere Bäume sind, je niedriger die Sträucher bleiben, desto leichter kann ein Garten alle unsere Wünsche erfüllen. Denn niedere Gehölze sind schmäler und werfen daher kürzere Schatten.

Formen und Farben der Blätter zählen neben der Wuchsform zu den wichtigsten Gestaltungselementen.

Formen und Farben der Blätter

Allein die mannigfaltigen Blattformen heimischer Gehölze zeigen eine reizvolle Vielfalt wohlverteilter Proportionen. Jede Art hat ihre eigenen Blätter, die wir an Umriss, Oberflächenbeschaffenheit und Farbe leicht unterscheiden und zu fein abgestimmten Kompositionen zusammenstellen können.

DIE BLÄTTER unserer Gehölze sollten wir beim Gestalten deshalb so sehr beachten, weil wir sie die längste Zeit im Jahr sehen. Blüten und Früchte sind schon im Hinblick auf die Tierwelt wichtig, die wir im naturnahen Garten fördern wollen.

Aber diese schmücken meist nur über kurze Zeit den Strauch oder Baum. Das Laub dagegen ziert von Mai bis Oktober die Zweige, also gerade in jenen Monaten, in denen wir uns am häufigsten im Garten aufhalten.

Koniferen sparsam verwenden

Noch länger müssen wir die immergrünen Nadelgehölze betrachten, die in ihrem dunklen Nadelkleid immer ziemlich gleich ausschauen. Sparsam eingesetzt, können sie aber wunderbare Kontraste oder Hintergründe abgeben. Als vorherrschende Gestaltungselemente verleihen sie einem Garten dagegen eher die Düsternis eines Friedhofs. Überdies halten sie in den ohnehin sonnenarmen Herbst- und Wintermonaten die tief stehende Sonne besonders wirksam vom Garten fern und bedecken ihn mit ihren langen Tiefschatten, während sommergrüne Laubhölzer kahl und lichtdurchlässig sind.

Studieren und probieren

Wenn all diese Überlegungen in die Planung einfließen, wird von dem riesigen Angebot an

Sommergrüne Laubgehölze lassen bis in den Mai die Sonne durch und spenden im Sommer kühlen Schatten.

Gehölze schenken dem Garten Vielfalt und Harmonie.

Arten und Sorten eine überschaubare Zahl für jeden freien Platz im Garten zur Auswahl übrig bleiben. Auch Exoten und Zuchtformen dürfen selbstverständlich im naturnahen Garten ihre Schönheit entfalten. Zwischen einheimischen Pflanzen kommen sie sogar besonders gut zur Geltung. In diesem Buch sollen wilde Gehölze mit ihren Vorzügen als Gartenbewohner vorgestellt werden, weil sie sowohl in Gartenbüchern als auch im Angebot des Handels meistens unterrepräsentiert sind.

Planspiele mit Gehölzen

Die Planung von Gehölzen für einen Garten erfordert ein hohes Maß an Vorstellungsvermögen sowie die gleichzeitige Berücksichtigung der verschiedensten Faktoren:

- Welche Räume sollen zwischen den Gehölzen entstehen?
- Brauchen wir z. B. eine so große Rasenfläche oder können wir ein Stück davon für eine Wiese oder ein Weidenhaus abzweigen?
- Wie hoch und breit dürfen Bäume und Sträucher an den für sie vorgesehenen Stellen werden, damit noch genügend Sonne zum Boden gelangt?
- Welche Gehölze gefallen uns?
- Welche Gehölze locken welche Tiere in den Garten?
- Welche Arten passen zu diesem Standort?
- Welches Gehölz soll als Solitärstück wirkungsvoll exponiert stehen?
- Welche Arten könnten zu Gruppen kombiniert schön aussehen?
- Wollen wir uns mit einer Formhecke den alljährlichen Schnitt antun oder erfüllen frei wachsende Sträucher geeigneter Wuchshöhe den gleichen Zweck?

Grenzen der Planung

Der Begriff „Planung" suggeriert in unserer technikorientierten Welt die Vorbereitung eines (künstlichen) Produktes, das sich nach seiner Herstellung kaum verändert – ein Haus etwa oder eine Straße.

Wir können zwar das Wachstum einplanen, aber wie es bei den einzelnen Gewächsen verläuft, ist oft ganz anders als erwartet. Während der eine Strauch sich üppig ausbreitet, kümmert der andere und geht bald zugrunde.

Nicht alles ist planbar. Dass Planung den Zufall durch den Irrtum ersetze, ist zwar eine böse Übertreibung, aber sie enthält auch ein Körnchen Wahrheit, oder? So kann auch ein Garten unsere Grenzen vor Augen führen und Bescheidenheit lehren. Es bleibt uns nur, immer wieder neu zu reagieren, aufs Neue zu planen und mit dem Wandel zu leben. Diese ständige Herausforderung schafft einen fruchtbaren Dialog und hält beide Partner lebendig: den Garten und seinen Gärtner.

Pflanzen und Pflegen

Auch im naturnahen Garten brauchen Pflanzen manchmal eine gärtnerische Betreuung. Sowohl die Größe als auch die lange Lebenszeit vieler Gehölze erfordern dabei besondere Arbeitsmethoden, Werkzeuge und Techniken. Anfallendes Material, wie Laub oder Holz, ist wertvoller Lebensraum und neuer Rohstoff.

Vor der Pflanzung – die richtige Wahl

Natürlich sollen uns alle Pflanzen unseres Gartens gefallen. Das Entzücken an ihrer Schönheit gehört wohl zu den wichtigsten Motivationen von Hobbygärtnern, ihr problemloses Gedeihen aber ebenso.

Vor dem Pflanzen ist deshalb die wichtigste Entscheidung, was wir pflanzen. Die richtige Wahl bestimmt das spätere Gedeihen oft mehr als jahrelange Pflegemaßnahmen. Die bunten Kataloge vieler Pflanzenfirmen verführen dazu, dass wir die Auswahl nur nach den ins Auge springenden, manchmal sogar geschönten Fotos von Laub, Blüte oder Frucht treffen. Wir ersparen uns aber viel Lehrgeld, wenn wir neben der Optik und der Wuchshöhe auch Standortbedürfnisse beachten, wie sonnig oder schattig, trocken oder feucht, nährstoffreich oder mager, sandig oder lehmig und kalkreich oder sauer.

Richtige Wahl Alle schlingenden Waldrebenarten z. B. wollen von einem etwas sonnengeschützten Platz aus in die Sonne ran-

Standort und Pflanze sollen harmonieren. Auf feuchte Stellen passen Traubenkirsche und Purpur-Weide ideal.

Aus Kirschkernen sind diese Keimlinge gewachsen.

Jahrelang werden Gehölze in der Baumschule betreut.

ken. Ein Exempel für Spezialisierung innerhalb einer Gattung sind unsere Erlenarten, welche im Freiland alle auf feuchten Standorten wachsen, im Garten aber noch auf trockeneren Stellen erstaunlich gut gedeihen: Die Schwarz-Erle liebt sauren, die Grauerle kalkigen Untergrund.

Diesen beiden Baumarten steht die Grün-Erle als 2 m hoher Pionierstrauch gegenüber, die wieder sauren Boden bevorzugt. Bekanntermaßen heikel bezüglich des Bodens sind die Moorbeetsträucher.

Keimung

Das Leben einer Pflanze beginnt meistens damit, dass Samen in fruchtbarem Boden keimen. Das kleine Wunder, wenn ein Keimling seine ersten Blättchen über sein Keimbett erhebt und wie kleine Händchen zum Licht streckt, ist so faszinierend zu beobachten, dass wir das Experiment mit verschiedenen Samen versuchen sollten. Viele Samen brauchen einen Frostreiz, um keimen zu können. Deshalb lagern wir sie im Winter im Freien, bevor wir sie in ein Beet oder einen Blumentopf am Fenster geben.

Baumschulen

In der Praxis überlassen wir das Keimen und Heranwachsen von Gehölzen den Baumschulen. Wer allerdings Zeit und Interesse dafür hat, kann das Heranziehen und Veredeln auch als Hobbygärtner lernen. Trotzdem bleibt das Angebot von guten Baumschulen auf jeden Fall interessant, schon wegen des zeitlichen Vorsprungs einer mehrjährigen Pflanze gegenüber dem Samen. Viele Baumschulen reagieren auf die große Nachfrage einer steigenden Zahl von naturnah arbeitenden Gärtnern mit einem zunehmenden Angebot von Wildgehölzen.

Das Land Niederösterreich unterstützt nicht nur „Natur im Garten", sondern über den

Landschaftsfonds auch eine regionale Gehölzvermehrung, um bodenständige, angepasste Arten und Typen für die Wiederbesiedlung ausgeräumter Agrarlandschaften bereitzustellen.

Die „Erziehung" in der Baumschule

In der Baumschule verbringt das Pflänzchen seine ersten Lebensjahre, in denen es wegen seiner Zartheit besonders schutz- und pflegebedürftig ist. Bei Zuchtformen müssen die Samen kontrolliert von derselben Sorte bestäubt sein. Oder die Sorten werden durch das Pfropfen (Einschieben von Knospen unter die Rinde = Okulieren, oder einjährigen Zweigen = Kopulieren) auf andere Pflanzen – die sogenannten Unterlagen – „veredelt".

Vegetative Vermehrung durch Ableger und Stecklinge

Bei Sträuchern, die wir vermehren wollen, können wir es mit Ablegern versuchen. Dazu biegen wir einen jungen Zweig zu Boden, graben ihn ein Stück weit ein, nachdem wir in diesem Bereich zur Stimulierung der Wurzelbildung die Rinde geringfügig verletzt haben und fixieren ihn mit einem Stein oder Pflock. Wenn er nach längstens einem Jahr eingewurzelt ist, trennen wir ihn vom Mutterstrauch und können ihn versetzen.

Einige Arten lassen sich sogar durch Stecklinge vermehren. Johannisbeeren z. B. und vor allem Weiden bilden gerne Wurzeln an einem tief in den Boden gesteckten jungen Stammstück. Im März und April, noch vor dem Austrieb, ist dafür der günstigste Zeitpunkt.

Bei beiden Formen der vegetativen Vermehrung erhält man genetisch idente Klone, die überdies wurzelecht sind. D.h., dass die Unterlage keine „Wildlinge" treiben kann, die – sofern sie nicht entfernt werden – wegen ihrer höheren Vitalität die Veredelung verdrängen und zunichte machen.

Beim Kauf von Obstbäumen wenden Sie sich am besten an eine Baumschule in Ihrer Nähe. So haben Sie am ehesten die Gewähr, dass die angebotenen Sorten für die vorherrschenden Klima- und Bodenverhältnisse geeignet sind. Kurze Transportwege sind außerdem nicht nur ein Beitrag zum Umweltschutz, sie mindern auch die Gefahr des Austrocknens wurzelnackter Pflanzen, die zu Hause sofort versorgt werden können.

Durch Eingraben von Zweigen entstehen Ableger.

Pflanzung

Wurzeln dürfen nie austrocknen. Daher werden sie, sofern sie keinen Erdballen haben, in Folie verpackt. Wenn sie allerdings nicht innerhalb kürzester Zeit eingepflanzt werden, können wir sie in ein leeres Beet einschlagen (mit Erde bedecken) und reichlich gießen. Das Kürzen von Wurzeln und Zweigen erleichtert das Anwachsen und sollte zumindest bei Obstgehölzen und Rosen in der Baumschule erfolgen.

TIPP **Wurzeln in Wasser zu stellen ist gut für ein kräftiges Vollsaugen, aber als Zwischenquartier nur für längstens einen Tag zu empfehlen.**

DIE PFLANZGRUBE muss so groß sein, dass keine Wurzeln umgebogen werden. Zusätzlich wird noch einmal so viel Volumen im umgebenden Untergrund gelockert, um den Wurzeln ihre Ausbreitung zu erleichtern. Falls ein Stützpflock für Bäume verwendet wird, sollte er vor der Pflanzung eingeschlagen werden, um Verletzungen zu vermeiden.

Bei Ballenpflanzen schlägt man den Pflock schräg neben dem Ballen ein. Der Stamm wird dann mit einer Achterschleife so an den Pflock gebunden, dass er weder aufgescheuert noch abgewürgt werden kann.

DIE EINGESCHAUFELTE ERDE wird festgetreten und vor allem reichlich mit Wasser aufgeschwemmt, damit zwischen Wurzeln und Boden ein lückenloser Kontakt entsteht. Vorher ist auf die richtige Pflanztiefe zu achten, so dass alle Wurzeln von Erde bedeckt sind. In der Regel sollte der Wurzelhals an der Oberfläche nicht zugeschüttet sein. Bei Obstbäumen soll die Veredelungsstelle, die man an einer Verdickung des Stammes erkennt, mindestens 10 cm über dem Boden liegen. Eine Ausnahme bilden veredelte Rosen: Deren Veredelungsstelle kommt etwa 3 cm tief in den Boden. Überdies sollen Rosen bis zu den Triebspitzen angehäufelt und erst beim Austreiben wieder freigelegt werden.

Wasser dient neben der Versorgung der Pflanze dem Kontakt von Wurzel und Boden.

Wasser ist wichtiger als Dünger

Keine Ausnahmen gibt es beim Wässern. Das Anlegen einer Gießmulde hilft, dabei Zeit zu sparen. So lange es nicht richtig regnet, ist für eine ausreichende Bewässerung zu sorgen. Auch im Winter ist nicht so sehr der Frost eine Gefahr für Setzlinge als vielmehr die Trockenheit.

Wenn Bäume und Sträucher nicht in Pflanzgefäßen (Containern) geliefert werden, sind sie in der Vegetationsruhe zu pflanzen, also von Ende September bis Anfang April, wobei natürlich der Boden nicht gefroren sein darf. Manche Baumschulen verlängern aber die Ruhezeit durch Einschlagen der Gehölze mit Gartenvlies und lagern die Pflanzen in kühlen Hallen.

Eine Düngung sollte beim Pflanzen unterbleiben. Die Pfleglinge können ja nicht sofort üppig sprießen, sondern müssen erst neue Feinwurzeln in die Erde treiben.

Aber das Einarbeiten von reifem Kompost fördert eine belebte Bodenkrume als sicherste Garantie für das rechte Verhältnis von Wasser, Luft und Nährstoffen. Den gleichen Zweck verfolgt übrigens eine wenige Zentimeter hohe Mulchbedeckung mit Laub oder gemähtem Gras. Die Streuschicht schützt obendrein gegen Austrocknen und ein allzu rasches Keimen von lästigem Unkraut.

Moorbeet

Einen ganz eigenen Boden verlangen Moorbeetpflanzen. Für Rhododendren oder Besenheide wird oft empfohlen, eine große Pflanzgrube mit Torferde zu füllen. Zum Schutz der Moore mit ihren spezialisierten Lebensgemeinschaften sollte dies im naturnahen Garten jedoch nicht praktiziert werden. Es gibt geeignete torffreie Produkte am Markt, verrottete Nadelstreu unter Fichten erfüllt allerdings den gleichen Zweck.

Nicht auf Kalkboden In einem Garten mit kalkreichem Boden sind säureliebende Pflanzen im Grunde fehl am Platz und eine Quelle von viel Arbeit bei mäßigem Erfolg. Denn dort müsste ausschließlich mit Regenwasser gegossen und der Boden im Wurzelbereich alle paar Jahre erneuert werden. Auf sauren Urgesteinsböden dagegen gedeihen sie viele jahrzehntelang ohne besondere Pflege.

In den ersten Jahren belebt eine Streudecke den Boden und unterdrückt Unkraut sowie Wasserverlust.

Pflege

Die sorgfältige Pflanzung von robusten, gut bewurzelten Baum- und Straucharten, die wir entsprechend den in unserem Garten gegebenen Boden- und Klimaverhältnissen ausgesucht haben, macht spätere Pflegearbeiten nahezu entbehrlich. Kleine Setzlinge sind freilich von überwucherndem Kraut frei zu halten.

Bodenbedeckung ist Schutz und Nahrung

Am elegantesten ist das wiederholte Abdecken mit Mulch. Bald werden die Gehölze die Kräuter überragen und ihnen immer mehr Licht entziehen, so dass lichtbedürftige Arten im Unterwuchs verschwinden. In einem Baumbestand oder unter dichtem Gesträuch gedeiht dann die Gesellschaft der Waldkräuter. Der lichte Schatten, den frei stehende Bäume und kleine Beetsträucher werfen und der im Tagesverlauf wandert, wird die Blumen zu ihren Füßen kaum beeinträchtigen.

Keine Mineraldünger Allgemein erschließen Holzgewächse mit ihrem tief reichenden Wurzelwerk neue Mineralstoffe und fördern diese aus dem Untergrund über ihre Blattmassen an die Oberfläche. Jeder Laubfall ist eine Düngung. Nur anspruchsvolle Obstgehölze brauchen wir hin und wieder mit einer Gabe Kompost zu versorgen.

Viele Beerensträucher sind noch dankbarer für eine Mulchschicht aus Laub, das gleichzeitig als harmonischer Langzeitdünger wirkt. Bei vielen Gehölzen wird nach wenigen Jahren der Pflege das Hauptaugenmerk nicht dem Ankurbeln, sondern dem Eindämmen des Wachstums gelten, nicht dem Düngen, sondern dem Schneiden.

In unseren sehr oft überdüngten Gärten ist vielen Menschen noch immer nicht bewusst, dass jedes Zuviel an Dünger nicht nur die Umwelt belastet und Pflanzen anfällig macht, sondern auch mit dem erzwungenen Wachstum zusätzliche Schneidearbeit bedingt, sei es bei einer Hecke, einer Wiese oder einem Rasen.

TIPP **Maßhalten beim Düngen und das Vermeiden leicht löslicher Mineraldünger, welche die Pflanzen zwangsfüttern, ist in vielerlei Hinsicht vernünftig.**

Streuschicht – die natürliche Düngung

Die einfachste und natürlichste Düngung ist das Belassen des abgefallenen Laubes am Boden. Diese Bodenstreu schützt im Winter vor Frost, beherbergt und ernährt die wichtigen Bodenorganismen und wird von diesen wieder zu Pflanzennahrung zerlegt. Dieses natürliche Recyclingsystem ist genial und zeigt, dass sehr viel von der üblichen Kratz- und Putzarbeit in Gärten unnötig, ja sogar kontraproduktiv ist.

Falllaub ist ökologisch wertvoll und außerdem schön.

Boden – Organismus mit vielen Aufgaben

Im Bioland- und -gartenbau wird die Pflanze mit dem belebten Boden als Ganzheit gesehen. Dieser Denkansatz wird der Wirklichkeit gerechter als die analytische Betrachtung der einzelnen Nährstoffe. Denn zwischen der Wurzel und den sie umgebenden Mikroorganismen findet ein vielfältiger Austausch, eine Symbiose statt. Bakterien und Pilze verbinden auch Tonminerale mit organischen Humusstoffen zu stabilen Krümeln, u. a. auch im Darm des Regenwurms.

Diese lebendverbauten Krümel sind die wesentlichen Elemente eines fruchtbaren Bodens. Denn sie speichern Nährstoffe und geben diese bedarfsgerecht an die Wurzel ab. Und sie schaffen ein Gefüge von großen und kleinen Poren in einer Zusammensetzung, die überschüssiges Wasser durchsickern lässt, aber auch genügend Wasser speichert oder kapillar aus dem Untergrund fördert und außerdem einen ausreichenden Gasaustausch ermöglicht.

Biologisch gärtnern heißt deshalb in erster Linie, das Bodenleben zu fördern, vor allem durch Bedecken der Oberfläche mit lebender Vegetation oder totem Mulchmaterial. Laub und anderen Bestandsabfall lässt man am besten zum großen Teil einfach liegen. Das erspart eine Menge Arbeit und entspricht der natürlichen Flächenkompostierung.

Falllaub ist ein wertvoller Rohstoff

Wer mit der Natur vertraut ist, sieht im Falllaub keinen lästigen „Mist", sondern ein sinnvolles Geschenk der Gehölze, mit dem sie nicht nur die eigenen, sondern auch viele fremde Wurzeln, dazu noch ein Heer von Bodenorganismen bedecken, schützen und ernähren. Außerdem ist die Verwandlung der Blätter, die in ihren arttypischen Farben und Formen zu Tausenden am Boden liegen, interessant zu beobachten.

Altenbetreuung

Baumveteranen sind oft riesige und prachtvolle Gestalten, die das Garten- oder Landschaftsbild prägen und ökologisch sehr wertvoll sind. Lebenserhaltende Maßnahmen durch professionelle Baumpfleger sollten einem deshalb etwas wert sein.

Ausgefaulte Löcher im Stamm, die früher gerne mit Beton ausgegossen wurden, werden heutzutage an ihrer tiefsten Stelle angebohrt. So fließt eindringendes Wasser ab, die Bäume bleiben trocken und als Wohnhöhlen für Eulen, Singvögel, Fledermäuse oder Wespen erhalten.

Zur Entlastung der Hauptverzweigungen werden einige Äste gekappt oder mit Zugseilen zum Wipfel verspannt. Baumpfleger können natürlich auch die Bruchsicherheit abschätzen und Gutachten dazu erstellen. Damit kann mancher Baum vor einer voreiligen Fällung bewahrt werden und seine Umgebung noch lange erfreuen. Im Garten sind es in der Regel kleinere Obst- oder Zierbäume, deren Alterserscheinungen wir selber mit Eingriffen behandeln. Die erwähnte Dränage von Hohlräumen mittels Bohrloch sowie das Abschneiden überlanger Äste ist einfach, aber wirkungsvoll. Im gärtnerischen Alltag ist jedoch die Altenbetreuung ein eher seltener Sonderfall. Weit öfter lässt uns das ungestüme Wachstum der Jugend zu Schere und Säge greifen.

Nur über Wegen oder Gebäuden ist die Entfernung toter Äste sinnvoll. Baumpflegerin vom Ökokreis Waldviertel.

Schnitt

Zur Pflege von Gehölzen gehört üblicherweise das Schneiden, mit dem man der außergewöhnlichen Wuchskraft dieser Pflanzen begegnet oder sie nach unseren Bedürfnissen und Vorstellungen lenkt. Je nach dem Zweck, den wir bei dieser Arbeit verfolgen, sprechen wir beispielsweise von Erziehungs-, Verjüngungs- oder Formschnitt.

Möglichst wenig schneiden

Im naturnahen Garten ist auch dieser Bereich der Gehölzpflege auf ein Minimum reduziert. Denn es gehört zur Naturgartenphilosophie, möglichst wenig einzugreifen und speziell bei Sträuchern und Bäumen die Ausbildung ihres eigenen Wesens und Charakters zuzulassen.

Für jede Holzstärke wird verschiedenes Schneidwerkzeug benötigt.

Ganz ohne Schneiden kommen wir allerdings auch im naturnahen Garten nicht aus, so wie es auch ohne Jäten nicht gehen wird. Obstbäume können nur durch regelmäßiges jährliches Schneiden zur gewünschten Stamm- und Kronenform erzogen werden. Beetrosen schneidet man im Vorfrühling stark zurück, das hält sie in Form und fördert zudem ihre Blühfreudigkeit.

TIPP **Zum Experimentieren eignet sich der von Natur aus dicht, allerdings auch langsam wachsende Buchsbaum. Durch häufigen Schnitt lässt sich diese immergrüne Pflanze beinahe in jede Form bringen – und das bei einer Größe von wenigen Dezimetern bis zu einigen Metern.**

Hecken – geschnitten oder frei

Eine Formhecke, beispielsweise aus den bewährten Buchen, Hainbuchen oder Eiben ist bei einer begrenzten Breite zwar dichter als frei wachsende Kleinsträucher. Das jährliche oder gar halbjährliche Schneiden, womöglich von einer hohen Stehleiter aus, ist dafür aber ein hoher Preis. Naturnäher ist es allemal, für den Sichtschutz einen etwas breiteren Streifen mit ungeschnittenen Straucharten der gewünschten Höhe zu bepflanzen, wobei der zur Verfügung stehende Platz zu bedenken ist. Ob geschnitten oder frei wachsend, ihr Querschnitt sollte auf jeden Fall nach oben hin konisch zulaufen, damit nicht durch Selbstbeschattung im Laufe der Zeit die unteren Bereiche kahl und schütter werden. Jeden Verlust eines Zweiges beantwortet die Pflanze mit mehreren neuen Trieben. Das verjüngt sie und macht ihren Wuchs dichter.

Stockausschlag und Wurzelbrut

Hasel und andere Saum- und Heckensträucher werden alle 5 bis 10 Jahre „auf Stock gesetzt", d. h. einige Dezimeter über dem Boden abgeschnitten, um sie zu verjüngen und Brenn- oder Flechtholz zu gewinnen. Viele Laubhölzer können auf diese Weise aus altem Holz neu ausschlagen. Durch das vorhandene große Wurzelwerk wachsen sie sehr kräftig, was in der Forstwirtschaft beim Niederwaldbetrieb genutzt wird. Nadelhölzer sind dazu nicht imstande. Auch bei Gartensträuchern ist eine solche Verjüngungskur manchmal angezeigt.

Manche Laubhölzer breiten sich auch horizontal mittels Wurzeltrieben („Wurzelbrut") aus. Goldröschen, Roter Hartriegel und Flieder z. B. müssen mit Sense und Schere in die Schranken gewiesen werden. Vor dem so schönen und ökologisch wertvollen Schlehdorn muss sogar gewarnt werden, wenn man diesem ausbreitungsfreudigen Gewächs nicht viel Platz zugestehen kann.

Beharrliche Robinie Von der fälschlicherweise „Akazie" genannten Robinie sollten wir die Finger lassen. Sie breitet sich im auch Freiland mit ihren Wurzeltrieben ausgesprochen aggressiv aus und zerstört vor allem pannonische Trockenrasen samt wertvoller Lebenswelt. Hartnäckige Wurzelbrut kann uns auch nach der Entfernung der Mutterpflanze viele Jahre beschäftigen. Wirksamer als das bloße Abschneiden im Winter ist das mehrmalige Mähen unverholzter Triebe zwischen Frühling und Herbst.

Niedere Buchshecken gehören zum barocken Bauern- und Klostergarten (wie etwa hier in Seitenstetten), erfordern aber regelmäßigen Schnitt.

Fällung

Im naturnahen Garten fällen wir nur, wenn es sein muss. Das Verdorren eines Baumes ist alleine noch kein Anlass dafür. Denn stehendes Alt- und Totholz ist ein wichtiger und vielfach selten gewordener Lebensraum. Aber morschendes Holz darf zu keiner Gefahr werden, so dass wir es aus dem Bereich von Gebäuden oder Wegen rechtzeitig entfernen müssen. Oft nehmen wir auch Gehölze in den besten Jahren heraus, weil sie doch zu groß geworden sind.

Fällen gut überlegen

Das Fällen ist stets die allerletzte Möglichkeit, das wir, einmal vollzogen, nicht mehr rückgängig machen können. Bei der Neuanlage eines Gartens sind alte Obstbäume oder andere Gehölze ein Schatz, der dem Garten vom ersten Jahr an unverwechselbaren Charakter, Wohnqualität und ökologische Vielfalt schenken kann. Vor Bagger- und Baufahrzeugen sind deshalb ihr Stamm und ihr Wurzelraum durch stabile Umzäunungen zu schützen.

Mehrjähriges Trocknen macht Holz aus dem Garten zu gutem Brennstoff.

Fälltechnik

Das Fällen großer Bäume ist eine gefährliche Arbeit, die man Menschen mit einschlägiger Erfahrung und entsprechendem Gerät überlassen sollte. Die wichtigste Voraussetzung ist das richtige Abschätzen der Fallrichtung und der Lage der Biegespannungen, also der Verteilung von Zug und Druck im zu durchschneidenden Stammquerschnitt. Darüber Bescheid zu wissen ist von größter Wichtigkeit, da hauptsächlich in der Zugzone zu schneiden ist. Denn im Druckbereich wird jede Säge innerhalb kürzester Zeit klemmen. Dort setzt man allerdings bei stärkerem Holz ganz seicht den ersten Vorschnitt an, damit beim Absägen von der anderen Seite her die letzten Fasern sauber im Holzkörper abbrechen und nicht im Rindenbereich zungenförmig ausreißen.

Ein Stoff – viele Möglichkeiten

Mit dem angefallenen Holz lässt sich nun allerhand anstellen. Das übliche Entsorgen ist nicht nur teuer, sondern entzieht auch unserem kleinen Ökosystem wertvolles Struktur-, Energie- und Nährmaterial.

BRENNHOLZ ZU ERZEUGEN ist eine Möglichkeit der Verwertung von Ästen und Stämmen. Dazu werden sie mit dem Beil von Reisig befreit und in halbwegs gerade, 1 bis 2 m lange Stücke gesägt. Stärkere Durchmesser werden mit Eisenkeilen in Scheite von 10 bis 20 cm Dicke gespalten und an einem luftigen Platz im Freien gelagert.

Zwei bis drei Jahre sollte das Holz dort deponiert werden und trocknen, denn damit steigt sein Heizwert erheblich. Danach wird es in ofengerechte Stücke geschnitten und wartet an einem geschützten Platz (z. B. im Schuppen) auf das Verheizen.

Wenn dann an kühlen Herbst- und eisigen Wintertagen das Feuer im Kamin knistert und eine angenehme Wärme verströmt, fühlen wir uns so richtig wohl und behaglich und erfreuen uns an der Energie aus unserem Garten.

UNTERSCHLUPF FÜR TIERE Der Holzstoß im Freien zieht viele Tiere an, denen er ein gutes Versteck oder Nahrung bietet. Da kann es leicht passieren, dass beim Verbrennen so mancher harmlose „Holzwurm" vernichtet wird, aus dem ein schöner Käfer werden sollte. Solchen Lebewesen können wir einen Teil davon als Biotopholz widmen. Holz macht in all seinen Facetten fast immer eine gute Figur. Wir können mit diesem sympathischen Material originelle Beeteinfassungen, Bänke, einfache Spielgeräte und „LandArt"-Skulpturen gestalten oder einfach mit einem interessant geformten Stamm den Garten bereichern.

MODERPLATZ Auch vom Reisig sind kleinere Mengen z. B. als entwässernde Unterlage oder, nach dem Häckseln, auch als Rohstoff für den Komposthaufen willkommen. Ein Teil lässt sich auch unter Sträuchern verstecken. Wenn aber viel Reisig und kleines Geäst anfällt, ist eine waldähnliche Ecke im Garten ein idealer Platz dafür.

Auf einem solchen Moderplatz kann man laufend derartiges Material deponieren, denn in etlichen Jahren zerfällt alles zu einem kleinen Häufchen Humus. Vorher aber beherbergt der Reisighaufen von der Spitzmaus im Keller bis zum Zaunkönig im Obergeschoß einen ganzen Verein unterschiedlichster Mieter.

Reisig bietet vielen Tieren Verstecke, bevor es zu Humus zerfällt.

Obstgehölze

Obst aus dem eigenen Biogarten gewinnt wieder an Bedeutung, weil es gesund ist und weder bei seiner Erzeugung noch durch Ferntransport die Umwelt belastet. Zur Steigerung von Ertrag und Qualität wurde eine Intensivpflege und eine ganze Wissenschaft, die Pomologie, entwickelt. Wer sich den damit verbundenen Arbeitsaufwand nicht antun will, braucht dennoch nicht auf Obstgehölze zu verzichten, er wird nur weniger Obst ernten.

Obst gehört in jeden Garten

Die verwirrende Fülle von Gehölzarten macht es mitunter schwierig, den Überblick zu bewahren. Eine Einteilung in Bäume und Sträucher ist zu wenig eindeutig, weil viele Arten zu beiden Gruppen gehören können. So kennen wir z. B. Weißdornbäume, Buchenhecken oder die Eibe als Busch und Baum. Das wissenschaftliche System der Botanik, die Arten nach ihrem Verwandtschaftsgrad in Gattungen, Familien und Ordnungen zusammenzufassen, ist exakt und immens wichtig, aber für viele Hobbygärtner ein Buch mit sieben Siegeln.

Schönheit und Ökologie von Bäumen sind oft mehr wert als ihre Früchte.

Einteilung von Gehölzen

Fürs Erste bleiben wir bei der groben, aber praktischen Einteilung nach ihrer Verwendung in Obst- und Ziergehölze – mit dem großen Vorbehalt, dass Lebewesen in einer Lebensgemeinschaft niemals einem einzigen Zweck dienen, sondern viele Funktionen gleichzeitig erfüllen. Selbst für uns ist beispielsweise ein Apfelbaum nicht nur als Obstlieferant interessant, sondern auch wegen seiner Schönheit zu allen Jahreszeiten und wegen der Vögel, die in ihm wohnen. Zudem schützt er vor Wind und spendet kühlenden Schatten. Umgekehrt liefern viele Ziergehölze nebenbei leckeres Obst, etwa die Hagebutten mancher Wildrosen oder die Dirndln des Gelben Hartriegels. Die Natur ist also kein eindeutiges Schubladensystem, sondern ein Netzwerk vielschichtiger Beziehungen.

Die oben genannte grobe Einteilung ist ganz praktisch, weil sie unterschiedliche gärtnerische Bearbeitungsweisen gleich offenlegt. Viele Obstgehölze beanspruchen eine besondere Pflege, allein die Ernte bedingt eine intensivere Zuwendung als die bloße Betrachtung der Ziergehölze.

Unterschiedliche Pflegeintensität

Wer auf Obst keinen Wert legt, sondern einen erholsamen Garten mit wenig Arbeit und viel Natur anstrebt, sollte dennoch nicht auf Obstgehölze verzichten. Er kann aber getrost die in diesem Kapitel angeführten Hinweise ignorieren und sie wie andere Bäume und Sträucher im Garten behandeln. Viele Obstarten stammen nämlich aus unserer Wildflora oder dem benachbarten Mittelmeerraum und haben ästhetisch wie ökologisch einen herausragenden Wert. Auch ohne besondere Pflege können, aber müssen wir nicht köstliche Früchte ernten und den Rest der Tierwelt überlassen.

Nicht in Stein gemeisselt ~ Die hier und weit ausführlicher in Fachbüchern beschriebenen Pflegemaßnahmen bei Obstgehölzen sind keine Verpflichtung, die wir bei Kauf und Pflanzung eingehen. Wir können sie auch weglassen. Sie dienen aber der Sicherung des Ertrages, der Verbesserung der Qualität und der Erleichterung der Ernte.

Obst im Spiegel der Geschichte

Um das Obst hat sich eine eigene Wissenschaft entwickelt, die Pomologie. Sie hatte ihre Blütezeit im 18. und 19. Jahrhundert. Viele der heute klassischen Sorten wurden damals gezüchtet, als das Interesse an eigenem Obst groß in Mode war. Überall in Europa wurden Obstgärten und Obstwiesen gepflanzt, entlang von Straßen entstanden prachtvolle Obstbaumalleen.

In Vergessenheit geraten ~ Im 20. Jahrhundert förderten zunächst Kriegs- und Mangelzeiten die Selbstversorgung mit Obst und daraus hergestellten Getränken. Ab den 60er Jahren verlor sie jedoch fast schlagartig an Bedeutung.

Ungezählte Bäume mussten im Zuge der landwirtschaftlichen Mechanisierung und des Straßenausbaus in Verbindung mit der mangelnden Nutzung das Feld räumen. Und auch in Gärten verschwanden aufgrund eines geänderten Konsum- und Freizeitverhaltens sowie im Zuge einer immer naturferneren Gartengestaltung die einst so zahlreichen Obstgehölze.

Wiederentdeckung ~ Das steigende Gesundheits- und Umweltbewusstsein führte aber in den letzten Jahren zu einer deutlichen Aufwertung von Obstbäumen, in der Kulturlandschaft ebenso wie im eigenen Garten. Mag für Viele ihre unvergleichliche Schönheit im Vordergrund stehen, so ist uns auch zunehmend ihre Bedeutung als Nahrung und Wohnraum von selten gewordenen Tieren bewusst.

Das herrliche, volle Aroma frisch geernteter Früchte und ausgesuchter Sorten aus heimischem biologischem Anbau überzeugt inzwischen jeden, der vor allem gesund und auch gerne gut isst.

Alleen wie jene bei Groß Meiseldorf im Weinviertel waren einst fester Bestandteil unserer Kulturlandschaft.

Köstliche Vielfalt

Die bei uns heimischen Obstarten wachsen und reifen fast alle auf Bäumen und Sträuchern. Nur die Erdbeeren ernten wir von einer Staude, also einem ausdauernden Krautgewächs. Auch die Obstgehölze, überwiegend aus der Familie der Rosengewächse, werden nach der Art ihrer nutzbaren Früchte eingeteilt in Stein-, Kern-, Beeren- und Schalenobst.

Standorttauglichkeit

Damit wir gutes Obst ernten können, ist die Standortfrage von immenser Wichtigkeit. Seit Generationen bringen Züchter zwar immer wieder auch Sorten auf den Markt, die sich durch bessere Widerstandsfähigkeit z. B. gegen Kälte oder Trockenheit, Schorf oder Obstbaumkrebs auszeichnen. Aber genetisch festgelegte Standortansprüche einer Art können nur in gewissen Grenzen verändert werden. So mögen es Apfel, Zwetschke und Pfirsich feucht, Birne, Kirsche und Marille trocken. Für stauende Nässe eignen sich am ehesten Zwetschke und Ringlotte. Während Pfirisich, Zwetschke und Apfel nährstoffreiche Böden verlangen, meidet die Marille allzu »triebige« Böden.

Dem speziellen Wärmebedarf von Marille, Pfirsich und edlen Birnen- und Apfelsorten kann in rauen Lagen durch einen bevorzugten Platz an einer südseitig gelegenen Mauer entgegengekommen werden.

Lassen Sie sich beraten ~ Um sich bei dem in die Hunderte gehenden Angebot von Obstsorten zurechtzufinden, ist eine solide Fachberatung von unschätzbarem Wert. Eine Möglichkeit sind auch Kontakte zu erfahrenen Obstgärtnern der Umgebung, für die Vereine eine wichtige Basis sind.

In Mitteleuropa häufig kultivierte Obstgehölzarten

Kernobst
Apfel (*Malus domestica*)
Birne (*Pyrus communis*)
Mispel, Asperl (*Mespilus germanica*)
Quitte (*Cydonia oblonga*)

Steinobst
Kirsche (*Prunus avium*)
Marille, Aprikose (*Prunus armeniaca*)
Pfirsich (*Prunus persica*)
Weichsel (*Prunus cerasus*)
Zwetschke u. Ringlotte (*P. domestica*)

Beerenobst
Brombeere (*Rubus fruticosus*)
Himbeere (*Rubus idaeus*)
Johannisbeere (*Ribes rubrum, R. nigrum*)
Stachelbeere (*Ribes uva-crispa*)
Weinrebe (*Vitis vinifera*)

Schalenobst
Edelkastanie (*Castanea sativa*)
Haselnuss (*Corylus avellana*)
Mandel (*Prunus dulcis*)
Walnuss (*Juglans regia*)

Als Spalier an einer südseitigen Mauer gedeiht dieser Apfelbaum in den Lechtaler Alpen sogar in 1.350 m Seehöhe.

Bitte kein Gift!

Oft wird der Pflanzenschutz in einem Atemzug mit der Düngung als selbstverständlicher Teil der Pflege genannt. Über Jahrzehnte wurde dieser Begriff missbraucht, um damit die treffendere Bezeichnung „Schädlingsbekämpfung durch Gift" zu vermeiden.

Auf die Raupe warten schon Vögel und Wespen (o.). Über die Blattläuse freut sich die Larve des Marienkäfers (u.).

Schädlich oder nützlich?

Im naturnahen Garten, wo lebendige Vielfalt gefördert wird, verbietet sich jede Giftanwendung von selbst. Für wirkliche Notfälle stehen genügend nützlingsschonende Methoden zur Verfügung. Bei einer ganzheitlichen Pflege kommt es aber nur ausnahmsweise so weit. Natürlich wollen wir auch im naturnahen Garten unsere Pflanzen schützen, dass sie nicht von Schädlingen aufgefressen oder von Pilzkrankheiten dahin gerafft werden.
Von Schädlingen kann erst dann die Rede sein, wenn sie unsere Pflanzen gravierend beeinträchtigen. Meistens kommt es nicht so weit und die ungewollten Gäste verschwinden über kurz oder lang von selber. Die Pflanze setzt eigene Abwehrkräfte in Gang, eine feuchtkalte Wetterperiode macht den Läusen den Garaus, oder es sind etwa Ohrwürmer und Marienkäfer auf diesen Schmaus aufmerksam geworden.

SCHADORGANISMEN in bedrohlicher Zahl sind meistens nicht Ursache, sondern Folge einer verminderten Vitalität. Entweder steht die Pflanze nicht am richtigen Standort oder das Bodenleben ist unterentwickelt.

Oder es handelt sich um eine Pflanze, die ein milderes Klima bevorzugt. Oder es ist eine jener überzüchteten Sorten, die durch riesenhafte Blüten oder Früchte und andere optisch reizvolle Degenerationen bestechen, aber außerhalb von Gewächshäusern und Baumschulen in der rauen Gartenwirklichkeit dem Leben nicht gewachsen sind.

Sinnvoller ist es, sich alten Sorten, neuen resistenten Züchtungen oder Wildformen zuzuwenden, die inzwischen in vielen Baumschulen wieder in reicher Auswahl erhältlich sind. Pflanzenschutz hat also im naturnahen Garten kaum mit Spritzungen zu tun, sondern vielmehr mit den richtigen Gehölzen am richtigen Platz und mit der Förderung einer artenreichen Lebensgemeinschaft, vom Boden bis in die Wipfel. Ein Schutz von Einzelpflanzen wird dann immer weniger nötig sein.

Kein Gift im Garten!

In Hobbygärten wird leider im Allgemeinen zu viel Gift gepritzt. Es soll sogar immer noch Schrebergartenanlagen geben, die Winterspritzungen bei allen Obstbäumen vorschreiben. Wir sollten alle Hebel in Bewegung setzen, dass solcher Unfug abgestellt wird, der Menschen und Umwelt gefährdet und einer vorgestrigen Denkungsart entspringt. Die biologischen Methoden beweisen, dass selbst ein Intensivobstbau ohne Gift möglich ist. In den letzten Jahren fördert auch die öffentliche Hand verstärkt Projekte zur Ökologisierung der Hausgärten.

Pflanzenfresser sind Teil der Lebensgemeinschaft

Die Einsicht, dass kleine Pflanzenfresser z. B. als Nützlingsnahrung unentbehrlich sind, entspricht dem komplexen Zusammenspiel in einer Lebensgemeinschaft. Ein aufgeklärter Pflanzenschutz beginnt mit dem Abbau alter Feindbilder. Wenn wir alle Insekten und Pilze, die wir zwar beobachten, die aber unsere Ernte nicht wirklich bedrohen, ausscheiden, bleiben nur ganz wenige Arten übrig, die wirklich Probleme bereiten. Die Kirschfruchtfliege oder der optisch recht auffällige Birnengitterrost beispielsweise sind in der Regel harmlos. Eine falsche Standortwahl, eine ungeeignete Sorte kann man nicht mehr korrigieren, wohl aber eine zu dichte Krone oder eine übermäßige Düngung. Läuse z. B. können die Antwort der Natur auf zu viel Stickstoff im Boden sein.

Mechanischer Pflanzenschutz und natürliche Gegenspieler

Gegen viele Schädlinge helfen ohnehin mechanische Methoden verlässlicher als Gift. Obstbaumkrebs ist chirurgisch, durch Ausschneiden, zu entfernen. Den Apfelwickler reduzieren wir, indem wir im Sommer den Stamm mit Wellpappestreifen umwickeln und diese wöchentlich verbrennen. Den Wühlmäusen – bitte nicht mit dem harmlosen Maulwurf verwechseln – machen wir mit Duftstoffen, Geräuschen oder Fallen das Leben schwer.

Zusätzlich locken wir die natürlichen Gegenspieler an, etwa durch Öffnungen in Gebäuden für Eulen und Fledermäuse, durch Stein- und Holzhaufen für Wiesel oder Laufkäfer, durch sichere Verstecke und Nistplätze für Singvögel, Ohrwürmer oder Spinnen. Das Leben all dieser Helfer würden wir mit jeder Giftanwendung leichtfertig aufs Spiel setzen. Jeder sogenannte Kompromiss zwischen chemischem und biologischem Pflanzenschutz ist eine naturfremde und gefährliche Illusion.

Hausrotschwänze sollten in Schuppen einfliegen können.

Vermeidung von Frost- und Wildschäden

Frostschäden an Obstbaumstämmen entstehen nicht durch den Frost allein, sondern durch extreme Temperaturschwankungen, wenn sich nach klaren Frostnächten die dunkle Rinde in der Sonnenstrahlung stark erwärmt.

Dieses Aufheizen verhindern viele Obstgärtner durch einen reflektierenden Kalkanstrich oder einen beschattenden Mantel aus Schilf, Stroh oder Holzlatten, der gleichzeitig vor Wildverbiss schützt. Abzuraten ist von Kunststoff, unter dem es nicht nur heiß, sondern auch feucht wird.

Gegen Grosspflanzenfresser ~ schützt normalerweise der Zaun um unseren Garten. Außerhalb davon sollten neu gepflanzte Bäume an Wegrändern oder in Streuobstwiesen mit einem Fegeschutz aus Holzstäben, Heckenanlagen eventuell für einige Jahre mit Drahtzäunen umgeben werden.

Je artenärmer die Fluren und Forste werden, desto interessanter werden neu hinzugekommene Arten nicht nur zum Naschen von Knospen und Blättern oder Nagen von Rinde, sondern auch zum Markieren des Territoriums, das z. B. Rehböcke durch das „Fegen"' bewerkstelligen – eine für das Gehölz ziemlich zerstörerische Behandlung mit dem Geweih.

Gutes Obst ~ von unseren Bäumen verlangt also einige geistige und körperliche Arbeit. Vor allem erinnern die genannten Pflegehinweise immer wieder an die entscheidende Sortenwahl. Die beeindruckende Vielfalt an alten und neuen Züchtungen ist eine Fundgrube gerade für jene, welche einen gesunden Garten auch schmecken möchten.

Der Kalkanstrich auf den Wachauer Marillenbäumen verhindert Frostschäden durch starke Temperaturschwankungen.

Obstbäume und ihre Pflege

Sie sind so gut wie immer veredelt. Das bedeutet, dass ihre Eigenschaften außer von der Edelsorte auch noch von ihrem Wurzelpartner, der Unterlage beeinflusst werden. Diese sollte den Standortverhältnissen angepasst sein, was wieder die Bedeutung nahe gelegener, nach Klima und Untergrund vergleichbarer Baumschulen unterstreicht.

Die richtige Unterlage

Am deutlichsten wird durch die Unterlage die Größe bestimmt. Es ist eine der großen Errungenschaften der Pomologie, z. B. die Größe von Kirsch- oder Birnbäumen, die als Wildform eine stattliche Höhe erreichen, so zu beeinflussen, dass sie als Zwergbäume auf Balkonen gehalten werden können. In einen Klein- und Kleinstgarten passt das Format von Spindelbusch oder Spalier mit ihrer schwachwüchsigen Unterlage einfach leichter als die sogenannten Halb- und Hochstammbäume. Die kleinen Baumformen sind leichter zu pflegen und zu ernten und beginnen früher zu tragen, werden jedoch dafür auch nicht so alt wie die großen und sind anspruchsvoller bezüglich Schnitt, Düngung und Wasserversorgung.

Halb- und Hochstämme ~ sind eindeutig widerstandsfähiger und pflegeleichter. Man kann noch aufrechten Ganges zu ihren Füßen eine Wiese mähen oder ein Beet pflegen. Ihren Raumbedarf können wir ein wenig ausgleichen, wenn wir mehrere Sorten auf einem Exemplar vereinigen und auf jeden Hauptast eine andere Sorte unserer Wahl veredeln lassen. Bei Baumschulen kann man das ein Jahr vor der Pflanzung bestellen.

Natürlich kann man auch als Laie bei Obstbaumvereinen oder Umweltberatungen das Veredeln in einschlägigen Seminaren lernen, so wie auch das Schneiden von Obstbäumen.

Winter- und Sommerschnitt

Der sogenannte Pflanzschnitt erfolgt bei wurzelnackten Gehölzen üblicherweise beim Kauf in der Baumschule. Er gleicht den Verlust an Wurzeln beim Verpflanzen aus, so dass das Anwachsen und Austreiben erleichtert wird. Erziehungs-, Erhaltungs- und Verjüngungsschnitt haben alle das Ziel, die Krone so locker zu halten, dass in jedem Bereich genügend Licht und Luft eine gesunde Fruchtbildung ermöglichen und dass wir bequem ernten können. Mit der Schere schneiden wir dünne Zweige unmittelbar über einer nach außen stehenden Knospe. Mit der Säge werden ältere Äste an ihrer Abzweigung geschnitten, nicht zu nahe am Stamm mit einer möglichst kleinen, glatten Schnittfläche, aber auch nicht so, dass ein Stummel stehen bleibt.

Der Winterschnitt, zeitlich von Jänner bis zum Austrieb möglich, regt das Wachstum stärker an als der Sommerschnitt im August, der bei allen Arten möglich ist und bei Steinobst bevorzugt wird. Auf den ersten Blick erscheint es paradox, dass ein starker Rückschnitt einen starken

Austrieb anregt und umgekehrt. Wenn der Baum z. B. zu stark wächst und zu wenig fruchtet, ist er daher besser im Sommer und nur mäßig zu schneiden. Steil stehende Triebe neigen eher zum Schoßen, flach stehende zum Blütenansatz. Daher gehört neben dem Entfernen unerwünschter Triebe auch das Abspreizen, Beschweren oder Niederbinden von Zweigen dazu.

VERJÜNGUNG ALTER BÄUME ~ Alte Bäume, bei denen über lange Zeit kein Schnitt durchgeführt wurde, können dadurch wieder zu besserem Ertrag gebracht werden. Meist hat sich über der alten Krone eine zweite Etage gebildet, welche die untere überbaut und beschattet. Diese oberen Äste werden ziemlich radikal an ihrer Basis entfernt. Auch unten wird gekürzt und ausgelichtet.

Ein starker Rückschnitt sollte keinesfalls auf einmal, sondern auf mehrere Jahre verteilt durchgeführt werden. Das bremst die nicht erwünschte Bildung sogenannter Wasserschoße, jener überlangen, senkrechten Triebe, die bei Saftstau entstehen.

VORBEUGUNG ~ Für die Nachreifung von Winteräpfeln und Winterbirnen im Obstkeller sollten neben kühler Temperatur und mittlerer Luftfeuchte in diesem Raum die Früchte gesund sein. Starker Schorfbefall begünstigt z. B.

Wassertriebe wie auf diesem Birnbaum sollten schon im Sommer entfernt werden.

Lagerfähiges Obst ist das Produkt aus Sorte, Standort und Pflege.

die Entstehung fauler Stellen durch den Moniliapilz. Neben der Wahl resistenter Sorten ist eine luftige Krone eindeutig die beste Vorbeugung gegen diese Pilzerkrankungen.

Jede Art ist anders

Es ist wirklich eine Wissenschaft, es jedem Obstbaum recht zu machen und ihn in Ertragsstimmung zu bringen. Jede Art hat außerdem ihre Eigenheiten. Die wichtigsten werden nachfolgend angeführt.

Apfel

Der Apfel, unsere wichtigste Obstart, reagiert auf eine gute Schnittpflege am stärksten. Neben dem Schnitt der Langtriebe zur Erziehung und Erhaltung einer lockeren Pyramidenkrone ist bei herangewachsenen Bäumen auch auf das sogenannte Fruchtholz zu achten, welches durch schrittweises Ausschneiden von stark verzeigtem Quirlholz verjüngt werden kann.

Birne

Auch bei Birnbäumen dient, ähnlich wie bei Apfelbäumen, die Verjüngung von Fruchttrieben der Verbesserung der Fruchtqualität. Birnbäume neigen oft zu einem turmartigen Höhenwachs-

Die lockere Krone des Halbstamm-Apfelbaumes verrät professionelle Pflege.

tum. Um ihre Früchte ernten zu können, sollten sie ab einer gewissen Größe durch den Schnitt in der Höhe begrenzt werden.

Marille

Beim Steinobst bilden auch junge Langtriebe Blüten. Diese blühen bei Marillen etwas später als jene der Kurztriebe. Wenn durch überlegten Schnitt von beiden ein ausgewogenes Maß vorhanden ist, vermindert sich das Risiko von Ertragsausfällen durch Frost während der Blüte. Das Kürzen zu weit ausladender Äste erspart das Abstützen bei reichem Fruchtbehang.

Kirsche

Die Kirsche, unser größtes Steinobstgewächs, wird, abgesehen von dem Entfernen einiger zu dichter Zweige im Kronenraum, wenig geschnitten. Wenn der Baum älter wird, blüht und fruchtet er fast nur noch im äußersten Bereich, der nur mehr den Vögeln zur Ernte zugänglich ist. Wenn wir selber ernten wollen, hilft ein Zurückschneiden von nicht erreichbaren Ästen im Sommer.

Walnuss

Die Walnuss wird ebenfalls ein Baum von beeindruckender Größe, der aber nur ausnahmsweise und nur im August zu schneiden ist. Seine Früchte, das nahrhafteste und haltbarste Obst überhaupt, haben auch den Vorteil, dass wir sie nicht am Baum ernten müssen, sondern vom Boden auflesen können. Wichtig ist allerdings eine ausreichende Nachtrocknung.

Zwetschke

Auch Zwetschken und Ringlotten, die ohnehin sofort zu verarbeiten sind, ernten wir am einfachsten vom Boden, im Idealfall von einer gemähten Wiese. Vorher müssen wir nur die Zweige mit einem langen Haken kräftig schütteln. Diese Methode spart Kraft und Zeit, liest die reifen Früchte aus und lässt die unreifen noch am Baum. Auch hier dient ein Schnitt nur der besseren Erreichbarkeit der Früchte.

Pfirsich

Der Pfirsich, von Natur aus sehr kurzlebig, wird durch kräftiges Schneiden länger in der Ertragsphase gehalten. Die Eigenheit dieser köstlichen Obstart ist, dass sie während des Austriebs geschnitten wird, wenn sich gerade ihre unvergleichlichen Blüten öffnen.

Die unerreichbaren Kirschen auf älteren Bäumen gönnen wir den Vögeln.

Beerensträucher und ihre Pflege

Fast alle Beeren wachsen auf Sträuchern. Das macht sie gegenüber den Obstbäumen pflegeleicht und schnelllebig. Wir können uns nach der Pflanzung auf eine baldige Ernte freuen, wir können sie rasch vermehren, umsetzen oder gegen anderes austauschen. Bei Ernte oder Schnitt ist weder eine Leiter, noch Kletterkunst und Schwindelfreiheit notwendig.

Unkraut vermeiden

Ihr handliches Format macht sie jedoch empfindlicher gegen hohes Unkraut. Brennnesseln, andere Hochstauden und sogar eine geschlossene Grasnarbe sollten wir unter Beerensträuchern vermeiden, am besten durch Mulchen mit Laub, das die Feuchtigkeit erhält.

Sogar das Nusslaub – wegen seiner schweren Zersetzbarkeit oft als Problem empfunden – ist für Obstgehölze als Streudecke am Boden hoch willkommen.

Himbeeren bilden niedere Hecken und sind dankbar für Laubstreu.

Him- und Brombeere

Im Gegensatz zu wild wachsenden Him- oder Brombeeren tragen Gartensorten zwar sowohl mehr als auch größere Früchte, jedoch sind sie für Fäulnis viel anfälliger.

Die Stachellosigkeit der meisten Kulturbrombeeren macht sie sympathisch, allerdings haben die mühe- und schmerzvoll gepflückten wilden Brombeeren sowohl ein süßeres als auch ein feineres Aroma.

Brombeeren brauchen einen Zaun oder ein Gerüst als Stütze ihrer langen, biegsamen Ranken. Bei stachellosen Sorten müssen wir die fehlenden Kletterhaken manchmal durch Feststecken oder -binden ersetzen.

TIPP ~ **Der Himbeerrutenkrankheit, die auch Brombeeren befallen kann, begegnen wir am wirkungsvollsten durch bodenebenes Abschneiden aller abgetragenen Ranken.**

Grenzen setzen ~ Beide Pflanzen bilden nur zweijährige Ruten, die nach der Ernte verdorren. Im Wald bleiben sie stehen, bis sie vermorschen. Im Garten werden sie üblicherweise im Herbst entfernt. Das beeinflusst nicht ihr Wachstum, sondern dient nur der leichteren Zugänglichkeit.

Himbeeren breiten sich durch Wurzelbrut aus und sind eine ideale Pflanze für mannshohe Hecken. Wenn sie die ihnen zugedachten Grenzen überschreiten, sind sie mit Hacke oder Spaten, durch Abmähen oder Ausreißen relativ leicht zurückzudrängen.

Johannis- und Stachelbeere

Bei Schwarzen, Roten und Weißen Ribiseln oder Johannisbeeren und den Stachelbeeren ist der Schnitt erforderlich, um jederzeit junge, blühfreudige Triebe zu haben. Höchstens zehn Äste pro Strauch sollten es sein, was mehr ist, wird weggeschnitten. Ältere Zweige werden laufend durch junge ersetzt.

Wein, die edle Beere

Ein Sonderfall ist der Weinstock, denn er ist ein Kletterstrauch von gewaltiger Vitalität. Ähnlich der Walnuss stammt die Edle Weinrebe aus dem Orient und wurde bereits von den Römern zu uns gebracht. Der Wärmebedarf des Weins ist so sprichwörtlich wie sein Geschmack. Man spricht in milden Regionen sogar vom Weinbauklima. An den Boden stellt dieses Gewächs hingegen keine allzu hohen Ansprüche.

Geschützte, sonnige Höfe ~ und Gebäudefronten sowie die widerstandsfähigen Arten aus Amerika, von denen man reblausresistente Unterlagen zum Pfropfen edler Weinsorten verwendet, erlauben die Kultivierung und Ernte von Weintrauben auch abseits von Weinbaugebieten. Gerade in einem „Grenzklima" ist die Pflanzung eines Weinstocks auch bei bester Kenntnis der Sorteneigenschaften ein Experiment – spannend wie im Grunde alles gärtnerische Tun.

Rankende Reben ~ Wie viele Gehölze, trägt der Wein nur am vorjährigen Holz fruchtbare Reben. Auch bei stärkstem Zurückschneiden im Winter müssen deshalb ein paar Knospen an jungen Reben belassen werden. Mit seinen dünnen, sich mit windenden Ranken verankernden Reben, welche im Jahr 5 bis 10 m weit wachsen können, und mit fleißigem Zurückschneiden kann der Wein als Spalier an Wänden ebenso wie als Schatten spendendes Dach auf Pergolen gezogen werden. Wir können ihn aber auch ungeschnitten auf das natürliche Gerüst eines Baumes loslassen.

Die Wilde Weinrebe, die heimische Unterart, wächst übrigens höchst selten im Nationalpark Donau-Auen, wo imposante Exemplare hohe Bäume überranken. Früchte wird man aber darauf kaum entdecken. Der Vergleich von Wild- und Kulturformen führt uns die Domestikation als gewaltige Kulturleistung vor Augen, aber auch, dass die ganze Bandbreite genetischer Vielfalt schön, nützlich und erhaltenswert ist.

An Mauern schaffen Weinreben auch in rauen Lagen eine mediterrane Atmosphäre.

Ziergehölze

Der naturnahe Garten folgt nicht in erster Linie ästhetisierenden Modeströmungen, sondern verbindet eine artenreiche Lebensgemeinschaft mit den Ansprüchen des Menschen an einen Garten zum Wohlfühlen. Dafür eignen sich die heimischen Pflanzen, insbesondere Gehölze, am besten. Ihre Schönheit und Vielfalt lässt kaum einen Gestaltungswunsch offen.

Die edlen Wilden

Heimische Wildpflanzen sind die Basis einer funktionierenden Lebensgemeinschaft. Naturgärtner erkennen in Pflanzen unserer Heimat neben ihrem Eigenwert, ihrer Schönheit und oft auch ihrer Gefährdung ebenso die Lebensgrundlage unserer Tierwelt. Das ist der Grund, dass sie diese bevorzugen.

Exoten

Exotische Gewächse haben dagegen im Allgemeinen eine geringe Bedeutung für bei uns heimische Tiere. So werden z. B. die Beeren vom Schwarzen Holunder, vom Roten Hartriegel oder von der Eberesche von Dutzenden Vogelarten geerntet, wogegen Forsythie, Essigbaum und Thuje, falls sie überhaupt Früchte tragen, nahezu unbeachtet bleiben. Ähnliches gilt für Blüten besuchende Insekten.

Selbstverständlich gibt es Ausnahmen. Niemand, auch kein Tier, wird uns außerdem verübeln, wenn wir Exoten pflanzen, weil sie uns besonders gefallen. Aber Tiere kommen hauptsächlich wegen heimischer Gewächse.

Zudem haben heimische Pflanzen den Vorteil, dass sie sich an Klima und Boden, pflanzenfressende Tiere und krankheitsauslösende Pilze in ihrem Areal seit vielen Jahrtausenden gewöhnt und an die vorherrschenden Verhältnisse angepasst haben.

Aus den Blüten des wilden Schneeballs entstehen schöne rote Beeren.

Ungefüllte Formen sind zu bevorzugen

Um Tiere in den naturnahen Garten zu locken – und dafür gibt es viele Gründe – ist es besser, ungefüllte Wildformen statt Züchtungen mit gefüllten Blüten zu wählen. Der in Gärten verbreitete Schneeball z. B. hat weiße Dolden aus sterilen Blüten. Seine Stammform, der in Auen wachsende Gewöhnliche Schneeball, schmückt dagegen seine Dolde nur mit einem Kranz dieser großen Scheinblüten, innen besteht sie aus echten Blüten mit Staubgefäßen, Nektardrüsen und Fruchtknoten, aus denen leuchtend rote Beeren heranreifen. Er ist genau so dekorativ, bei genauer Betrachtung dank dieser Differenzierung sogar schöner und interessanter, und das über einen längeren Zeitraum. Blüten und Früchte sind eine reich gedeckte Tafel für Insekten und Vögel.

Rosen

Ähnliches sehen wir beim Vergleich von gefüllten Rosen mit Wildrosen oder ungefüllten Züchtungen. Die inneren Blütenblätter der gefüllten Sorten sind umgewandelte Staubblätter. Sie verstärken die optische Fernwirkung, die feine Gliederung der Rosenblüte ist aber verloren gegangen, so wie auch ihre Fähigkeit, Blütenstaub zu bilden. Viele tragen keine Hagebutten, und vielen Hybriden ist sogar der betörende Rosenduft abhanden gekommen. Die Vermehrung der farbigen Blütenblätter wurde mit dem Verlust anderer ästhetischer Qualitäten und biologischer Funktionen erkauft.

NOBLER CHARME Diese Einsicht muss uns nicht gleich die Freude an gefüllten Rosen schmälern. Sie hilft uns aber, auch die Vorzüge der einfachen, ursprünglichen Formen wahrzunehmen. Mit ihren fünf schalenförmigen Kronblättern, die einen dichten Kranz von Staubgefäßen um den zentralen Stempel einschließen, haben Wildrosen einen noblen Charme, neben dem manche Zuchtformen derb und protzig erscheinen.

Wo bekomme ich heimische Wildgehölze?

Sehr viele Überlegungen und Beobachtungen sprechen also für heimische Wildgehölze. Sie sind allerdings als Gartenpflanzen noch nicht allzu verbreitet und werden von Großmärkten selten angeboten. Immer mehr Fachbetriebe haben aber heimische Sträucher und Bäume im Programm. Fragen Sie einfach bei verschiedenen Baumschulen in Ihrer Nähe. Sie helfen Ihnen sicher gerne weiter.

PFLANZEN SELBST ZIEHEN Man kann sie aber auch aus selbst gesammelten Samen ziehen. Nicht nur zu diesem Zweck ist es gut, wenn wir die Gehölze unserer Flora draußen in Wald und Flur kennen lernen. Da sehen wir sie zu jeder Jahreszeit und in jedem Alter, und wir können leicht beurteilen, wie sie uns gefallen, wie groß sie werden und welche Standortverhältnisse ihnen zusagen. Vielleicht erlaubt Ihnen auch ein Grundbesitzer, ein paar überschüssige Jungpflanzen auszugraben - alles natürlich unter Beachtung des Artenschutzes.

Einige für den Garten empfehlenswerte Bäume und Sträucher unserer Heimat werden auf den folgenden Seiten etwas näher vorgestellt. Sie sollen Lust darauf machen, vielleicht mit einem Bestimmungsbuch der Vielfalt und Schönheit heimischer Gehölze nachzuspüren oder manche Art im Garten zu pflanzen und zu beobachten.

Die beschriebenen Arten sind geordnet in Groß- und Kleinbäume, Groß- und Kleinsträucher sowie in Zwergsträucher und Schlinggehölze.

Hunds- und andere Wildrosen gleichen ihre kurze Blühzeit durch langen Fruchtschmuck aus.

Großbäume

Sie werden 20 bis 40 m hoch und je nach ihrem arttypischen Schlankheitsgrad zwischen 12 und 25 m breit. In Landschaftsparks und großen Gärten sind sie prachtvoll und imponieren, wenn sie alt werden, durch charaktervolle Gestalten. Ein Durchschnittsgarten samt Haus kann da unter Umständen schon mal unter einem einzigen Exemplar verschwinden.

Die raschwüchsigen Linden sind bewährte Solitärbäume.

Wer trotzdem auf solche Arten im Kleingarten nicht verzichten möchte, muss sie durch verschiedene Methoden klein halten, die auch für Großsträucher gelten, und die alle mit Arbeit verbunden sind: regelmäßiger Formschnitt z. B. bei Buchen- oder Fichtenhecken; „auf Stock setzen", d. h. Fällen und Heranziehen eines Stockausschlages durch Entfernen aller Konkurrenztriebe bei geeigneten Arten; Fällen und Pflanzen eines neuen Baumes bei nicht ausschlagfähigen Arten.

Winterlinde (*Tilia cordata*) und Sommerlinde (*T. platyphyllos*)

Unsere beiden Lindenarten haben eine große Tradition als Alleebaum, Hausbaum und Dorflinde. Tatsächlich vereinigen sie etliche Eigenschaften, die sie zu idealen Gehölzen für solche

Lindenblüte

Ein Höhepunkt ist die Blüte der Linden zu Sommerbeginn, was für einen Baum sehr spät ist. Die zartgelben Einzelblüten sind zwar klein, hängen aber an einem ebenso hellen Hochblatt. Wer sie dennoch übersehen sollte, wird durch ihren herrlichen Duft auf sie aufmerksam. Auch ist das Summen der Bienen und anderer Insekten, welches die Krone erfüllt, nicht zu überhören.

Zwecke machen. Sie sind widerstandsfähig, wachsen schnell auf trockenem bis frischem Boden und schlagen problemlos neu aus, wenn man sie kürzt oder fällt. Sie bieten von Jugend an einen schönen Anblick mit ihrem herzförmigen Laub, das sich im Herbst gelb verfärbt und nach dem Abfallen vom Baum rasch verrottet.

EIN NACHTEIL ist es, dass Linden häufig Läuse haben, die ihnen zwar nicht schaden, deren zuckerhaltige Ausscheidungen aber unangenehm werden. Denn diese sind klebrig und ein Nährboden für den schwarzen Rußtaupilz. Das kann den Wert der Linden als Schattenspender für Sitzplätze mindern. Als Alternative kann man an die Walnuss denken, deren herber Geruch Insekten vertreibt. Allerdings müssen wir uns an ihr nur langsam vermoderndes Falllaub gewöhnen.

DETAILUNTERSCHIEDE Die beiden Lindenarten unterscheiden sich nur in einigen Feinheiten. So hat die Winterlinde kleinere Blätter mit braunen Haaren an der Unterseite sowie weichere und rundere Früchte. Sie blüht etwas später und bevorzugt von Natur aus trockenere Standorte als die Sommerlinde. Im Handel sind auch Mischformen (Bastarde) erhältlich. Bei einer Höhe von 20 bis 30 m werden Linden etwa 12 m breit.

Das weiche, homogene Holz der Linden ist der klassische Werkstoff für Holzbildhauer. Linden können mehrere hundert Jahre alt werden. In der Sagenwelt spielt die Linde deshalb eine große Rolle, etwa als Symbol weiblicher, heilender und beschützender Kraft, das Gegenstück zur männlichen Eiche.

Birke (*Betula pendula*)

Die Weiß- oder Hängebirke besticht durch ihre Eleganz in allen Lebenslagen. Lässig scheint sie ihre dünnen Zweige hängen zu lassen, an denen kleine zarte Blätter im Wind schaukeln. Früh im April stäuben die ebenfalls hängenden Kätzchenblüten zwischen hellgrünen Blattspitzen. Vor dem herbstlichen Laubfall hüllt sie sich in ein goldenes Kleid.

Die Birke wirkt in Landschaft und Garten durch ihren schlanken Wuchs.

WIRKLICH EXKLUSIV in unserer Flora ist die glatte, weiße Rinde auf ihren schlanken Stämmen. Schön ist sie von Anfang an und wirkt jugendlich bis ins Alter. Selbst der Anblick ausgewachsener Exemplare mit ihrem wie offenes Mädchenhaar herabwallenden Gezweig vermittelt jene romantische Mischung aus Hoffnung, Sehnsucht und Trauer, die man gemeinhin der Jugend zuschreibt.

ZART UND SMART Kein Wunder, dass die Birke so gerne gepflanzt wird, zumal sie fast überall wächst, wenn sie nur genügend Licht bekommt. Ihre zarte Gestalt täuscht allerdings. Denn sie ist ein überaus robustes Pioniergehölz und verträgt magere Böden, Trockenheit sowie Nässe. Sie kann allerdings ihrer Umgebung mit ihren oberflächennahen Wurzeln spürbar Nährstoffe entziehen. Die Birke kann gut 20 m hoch werden, was man der smarten Pflanze zunächst kaum zutraut. Aber mehr als 7 m breit wird ihre Krone selten.

Neben ihrem schlanken Wuchs ist auch ihr durchsichtiges Blätterdach zu berücksichtigen. Sie wirft nur einen kleinen und lichten Schatten, so dass darunter noch lichtbedürftige Blumen oder eine Wiese gedeihen. Für einen angenehmen schattigen Sitzplatz ist sie hingegen nicht der geeignete Schirm.

Die Birke treibt aus einem Strunk nicht so leicht wieder aus wie die ebenfalls zu den Birkengewächsen zählende Hainbuche, Haselnuss oder Erle. Beim Fällen gewinnt man übrigens bestes Brennholz. Man kann auch versuchen, aus kürzeren Zweigen die schönen und praktischen Birkenbesen zu binden.

Fichte (*Picea abies*)

Massig, ernst und aufrecht steht die Fichte da, in der Regel mit einem kerzengeraden Schaft und einem spitzen Wipfel. Sie ist als unser häufigster Forstbaum leider oft in artenarmen, anfälligen Monokulturen auf Laubwaldstandorten angepflanzt.

Von Natur aus wächst sie in der oberen Bergwaldstufe. Als immergrünes Nadelgehölz von besonders dichtem Wuchs verbreitet sie jahraus, jahrein tiefen Schatten und unbeugsamen Stolz. So liefert sie auch im Garten interessante Kontraste zur Helligkeit, zum jahreszeitlichen Wechsel und zu den breiteren, runderen Gestalten anderer Bäume.

Kein Stadtkind Die Fichte kann 40 m hoch werden und beansprucht dennoch nur bis zu 8 m Durchmesser der Kronentraufe. Als Kind niederschlagsreicher Gebirgslagen erreicht sie allerdings in Trockengebieten nicht diese Dimensionen. Auch sonst ist ihr dort anzusehen, dass sie leidet. Noch weniger eignet sie sich für Städte, weil sie Rauch und Abgase besonders schlecht verträgt. Jedes Jahr verlängert der Leittrieb den Stamm und bildet einen Astquirl. Dieser regelmäßige Wuchs erlaubt eine Altersbestimmung durch Zählen der Quirle.

Tipp **Die Fichte treibt nur aus jungen Zweigen, nie aus älterem Holz. Schnitthecken aus Fichten bewähren sich deswegen nur bei regelmäßiger Pflege von kundiger Hand, denn Lücken nach einem zu starken Rückschnitt schließen sich nie mehr.**

Die harzreiche Nadelstreu unter Fichten verrottet langsamer als Laub oder Tannennadeln und bildet sauren Rohhumus. Das ist bei Unterpflanzungen zu berücksichtigen, denn dieser Boden ist für kalkbedürftige Pflanzen eventuell zu sauer. Für Säureliebhaber, etwa den Wald-Sauerklee, ist er hingegen ideal.

Nur in feuchterem Klima wird die Fichte vital und dicht.

Silber-Weiden sind typisch für flussnahe Auen und wachsen sehr schnell.

Weitere heimische Großbäume

deutscher Name	lateinischer Name	Höhe (m)	Blütezeit	Blütenfarbe	Standort	Besonderheit
Buche	*Fagus sylvatica*	30	IV–V	unauffällig	tiefgründig, frisch	schöne Blättfärbung in Frühj. u. Herbst
Eiche	*Quercus robur, petraea, cerris*	35	IV–V	grüngelb	eher warm	knorrige Gestalt im Alter
Gewöhnliche Esche	*Fraxinus excelsior*	30	IV–V	ohne Kronbl.	frisch, feucht	schlank
Lärche	*Larix decidua*	30	IV–V	gelb	trocken	gelb im Herbst
Rot-Föhre	*Pinus sylvestris*	25	V–VI	gelb	feucht bis trocken	verträgt keine Abgase
Schwarz-Erle	*Alnus glutinosa*	15	III–V	braunrot	staunass bis trocken	schlank, ausschlagfähig
Silber-Pappel	*Populus alba*	30	III–IV	grün	jeder Gartenboden	mit 30 Jahren erwachsen
Silber-Weide	*Salix alba*	20	III–V	gelb	sonnig	schnittverträglich
Spitz-Ahorn	*Acer platanoides*	25	IV–V	gelb	jeder Gartenboden	schöne Herbstfärbung

Kleinbäume

Sie passen mit einer Wuchshöhe von 7 bis 15 m auch in kleinere Gärten. Ohne dass wir ihnen mit Schere und Säge auf den Leib rücken müssen, können sie bei uns alt und damit meistens immer schöner werden und durch ihre arttypische Wuchsform wirken. Alle Arten können auch mehrtriebig als Sträucher gezogen werden. Umgekehrt lassen sich auch viele Sträucher zu Baumformen heranziehen.

Eibe (*Taxus baccata*)

In Garten- und Parkanlagen wird die Eibe meist als Strauch gezogen. Im Freiland entwickelt sie sich dagegen zu einem gedrungenen Baum. Dort ist dieses langsam wachsende und giftige Nadelgehölz allerdings selten, gebietsweise sogar ausgerottet. Inzwischen ist die Pflanze zwar gesetzlich geschützt, doch kommt es immer noch zu illegalen Entnahmen dieser kleinwüchsigen, dennoch eindrucksvollen, oft uralten Bäume.

Viele Vorteile Die Eibe gilt unter Kennern mit Recht als das ideale Nadelgehölz im Garten. Sie ist robust, schön und für den Formschnitt gut geeignet. Sie wächst nicht zu rasch und regeneriert auch aus altem Holz – eine Seltenheit bei Koniferen. Tiefen Schatten erträgt sie geduldig, wobei sie dort nicht blüht und kaum wächst. Volle Sonne und auch Trockenheit machen ihr im Garten wenig aus, obwohl sie in der Natur vor allem in luftfeuchten Steilhängen zu finden ist. Dort begnügt sie sich auch mit kargen Felsenstandorten.

Ihre flachen Nadeln stechen nicht, sind auf der Unterseite hellgrün, tragen jedoch oben das dunkelste Grün, das man sich denken kann. Die männlichen Blüten erscheinen im März und April als Büschel von hellgelben Blütenzapfen an den Zweigen. Aus den zunächst unauffälligen weiblichen Blüten entstehen im Laufe des Sommers leuchtend rote Früchte. Der saftige rote Samenmantel ist der einzige nicht giftige Teil der Eibe und wird gerne von Vögeln gefressen und so verbreitet.

Ein reizvolles Farbenspiel bietet die Rinde älterer Eiben, die sich in dünnen, von tiefrot bis hellgrau getönten, manchmal von grünen Algen

In der Natur, wie hier bei Lunz, wächst die Eibe auf kargen Felsen.

übermalten Streifen abschuppt. Als Baum kann sie im Laufe von einigen Jahrhunderten 15 m hoch werden, als frei wachsender Strauch erreicht sie eine Höhe von 4 bis 6 m, ebenso als Formgehölz und Schnitthecke.

TIPP **Weil die Eibe einerseits im Freiland eine gefährdete Art ist, andererseits so leicht zu kultivieren und mit ihrer unverwechselbaren Schönheit unersetzlich beim Gestalten ist, sollte sie in keinem naturnahen Garten fehlen.**

Eberesche (*Sorbus aucuparia*)

Die Namen „Eberesche" und „Vogelbeere" weisen auf die Beliebtheit dieser Pflanze – insbesondere ihrer Früchte – in der Tierwelt hin. Eber wünschen wir uns zwar nicht in den Garten, umso mehr aber Vögel. Drosseln und viele andere Vogelarten kommen zu Besuch, wenn im späten Sommer die Beeren korallenrot aus dem gefiederten Laub leuchten. In reichen Doldentrauben hängen sie an den Zweigen.

LICHTBEDÜRFTIG Der Schönheit des Fruchtschmuckes steht die der Blüte nicht nach. Im Spätfrühling duften die rahmweißen Blütenstände und locken bestäubende Insekten an. Ihre glatte Borke ist ebenso hervorzuheben wie das Filigran ihrer zusammengesetzten Blätter, die viel Licht durchlassen.

Ähnlich der Birke ist die Eberesche ein lichtbedürftiges, aber sonst anspruchsloses, tief wurzelndes und rasch wachsendes Pioniergehölz. Im Garten hat sie den Vorzug, kaum höher als 12 m und nur etwa 6 m breit zu werden. Mit der Esche verbindet sie keine Verwandtschaft, sondern nur die grobe Ähnlichkeit der gefiederten Blätter.

Apropos: Die Früchte sind für Menschen ungenießbar. Es gibt aber auch Züchtungen, deren Früchte essbar sind.

Sogar auf den Felshängen der Wachau blüht die Eberesche.

Sal-Weide (*Salix caprea*)

Auch die Sal- oder Palm-Weide ist häufig als Pionierpflanze auf Waldlichtungen, mageren Böschungen oder aufgelassenen Steinbrüchen zu Hause. Als „Palmkätzchen", wie man ihre großen und früh erscheinenden Blütenstände nennt, und Attribut von Osterbräuchen zählt diese Weidenart zu den bekanntesten Kleinbäumen, die freilich auch als mehrtriebige Sträucher heranwachsen.

ENTWEDER ODER Alle Weiden sind zweihäusig, d. h. es gibt jeweils nur männliche oder nur weibliche Blüten auf einer Pflanze. Die männlichen Sal-Weiden gehören mit ihren gelben Staubgefäßen zu den attraktivsten Frühblühern. Je nach Witterung erblühen sie im März, spätestens aber Anfang April, lange vor dem Laubaustrieb. Schon davor schwellen die

Sal-Weiden wachsen auf allen hellen Standorten.

Blütenknospen, sprengen die einzige braune Knospenschuppe ab und erscheinen als silberpelzige Kätzchen. Die weiblichen Blüten sind grün und entwickeln sich zu weißwolligen Früchten, die im Spätfrühling vom Wind davongetragen werden.

FLEISSIGE BIENEN Die Staubbeutel und Nektarien sind für sowohl für Insekten als auch für Imker interessant. Beide freuen sich auf diese erste größere Tracht im Jahr, für deren Einbringung allerdings mildes Frühlingswetter mit einer Temperatur von mindestens 10 °C herrschen muss. Dann summt es laut in der sonnengelben Krone vor Fleiß und Frühlingsseligkeit.

WÄCHST SCHNELL Als Gartengehölz wächst die Salweide auf Böden von trocken bis nass, von mager bis fett, an jedem hellen Ort. Sie erreicht wie alle Weiden innerhalb kurzer Zeit viel an Höhe, wird etwa 8 m hoch und 4 m breit und setzt bald Blüten an. Sie verträgt alle erdenklichen Schnitte, lässt sich durch Stecklinge aber nicht ganz so leicht vermehren wie andere Weidenarten.

Weitere heimische Kleinbäume

deutscher Name	lateinischer Name	Höhe (m)	Blütezeit	Blütenfarbe	Standort	Besonderheit
Blumen-Esche	*Fraxinus ornus*	8	V–VI	weiß	warm	duftende Blüten
Echter Mehlbeerbaum	*Sorbus aria*	10	V	weiß	trocken	weiße Blattunterseite, rote Beeren
Feld-Ahorn	*Acer campestre*	10	V	gelb	jeder Gartenboden	gelbe Herbstfärbung
Flaum-Eiche	*Quercus pubescens*	10	IV–V	grüngelb	sehr trocken kalkreich	lockerer Wuchs
Grau-Erle	*Alnus incana*	8	III–IV	braunrot	nass bis trocken	breiter als Schwarzerle
Korb-Weide	*Salix viminalis*	8	II–IV	grüngelb	nass bis trocken	liefert als Kopfweide Ruten
Lavendel-Weide	*Salix eleagnos*	6	III–IV	grüngelb	frisch, auch auf Schotter	grauweiße, schmale Blätter
Lorbeer-Weide	*Salix pentandra*	10	V–VII	grün	feucht	glänzendes Laub
Traubenkirsche	*Prunus padus*	10	IV–V	weiß	feucht	prachtvolle, duftende Blüten

Großsträucher

Großsträucher werden etwa 3 bis 6 m hoch und sind in unserer Pflanzenwelt zahl- und artenreich vertreten. Als Strauchschicht in naturnahen Wäldern, als Saumgehölze an Wald-, Feld- und Wiesenrändern sind Sträucher aus unserer Kulturlandschaft nicht wegzudenken. Auch im naturnahen Garten sind sie als optische und ökologische Elemente unverzichtbar.

Schwarzer Holunder
(Sambucus nigra)

Als stickstoffliebende Ruderalpflanze ist der Holunder oder Holler ein treuer Begleiter des Menschen. Ob als Unkraut verfolgt, als Heil- und Nahrungspflanze geschätzt, als Schmuck der Kulturlandschaft bewundert, immer haftet dem Holler wegen seiner Allgegenwart etwas Gewöhnliches an, zu dem auch der unangenehm herbe Geruch von Blättern und Holz seinen Teil beiträgt.

Ein Schmeichler Ganz anders schmeichelt uns der köstliche Duft seiner cremeweißen Blüten im Juni. Er kann sich durchaus messen mit jenem von Flieder, Rosen oder Falschem Jasmin. So schmeckt der volle Frühling in der Nase. Ein wenig davon kann man sogar im beliebten Hollerblütensaft konservieren. Die Blüten eignen sich auch zur Herstellung eines Erkältungstees. Seine schwarzen Beeren liefern den Stoff für eine feine traditionelle Speise zum Herbstbeginn, das „Hollerkoch", in dem sie zusammen mit Apfel- und Zwetschkenstücken sowie etwas Zucker, Stärke und Rahm zu einem dickflüssigen Kompott verarbeitet werden. So schmeckt die Erntezeit.

Schwarzer Holunder wächst auf nahrhaftem Boden schnell, wird 6 m hoch und verträgt jeden Rückschnitt. Wegen seiner langen Triebe eignet er sich aber nicht zum Formschnitt.

Nur halb so hoch wird der Traubige Holunder (*Sambucus racemosa*), der auch magere und saure Bodenbedingungen gewöhnt ist. Bereits im April, gleichzeitig mit den Blättern, erscheinen seine hübschen gelben Blütentrauben. Sie reifen im Sommer zu leuchtend roten, für uns ungenießbaren Beeren heran und machen ihn zu einem der schmuckvollsten Fruchtgehölze.

Die Blüten des Schwarzen Holunders erfreuen Auge und Nase.

Weißdorn (*Crataegus laevigata, C. monogyna*)

Weißdornsträucher gelten als gute Vogelschutzgehölze. Denn der dichte Wuchs ihrer dornenbewehrten Zweige prädestiniert sie zu katzen- und mardersicheren Nistplätzen. Dazu kommen ab dem Spätsommer die mehligen, roten Beeren als Vogelnahrung. Für viele Insekten ist der Weißdorn ebenfalls eine wichtige Futterquelle. Das erkennt man an abgeknabberten Blättern oder den vielen Bienen, Zweiflüglern und Käfern auf den weißen Blüten, die in großer Fülle im Mai oder Juni am Strauch leuchten.

BLÜTEN- UND FORMENREICH Als Blüten- und Beerenstrauch zeichnet sich der Weißdorn durch zwei dekorative Höhepunkte im Jahr aus: einmal zur Blütezeit im Mai und dann zur Fruchtzeit von September bis in den Winter. Weißdorn lässt sich gut formen, z. B. zu besonders schmalen Hecken. Jeder Schnitt reduziert aber den Blütenreichtum. Es gibt bei uns mehrere, recht ähnliche Arten.

Die beiden häufigsten sind der Einkern-Weißdorn (*Crataegus monogyna*) und der Zweikern-Weißdorn (*Crataegus laevigata*). Beide werden zwischen 2 und 6 m hoch. Im Freiland bevorzugt der Einkern-Weißdorn helle und trockene Standorte, der Zweikern-Weißdorn eher frische bis feuchte Wälder.

Der Weißdorn ist als Gestaltungselement ebenso interessant wie für Vögel und Insekten.

Gelber Hartriegel (*Cornus mas*)

Der Gelbe Hartriegel schenkt leuchtende Blüten im Vorfrühling und schmackhafte Früchte im Sommer.

Noch früher als die Sal-Weide blüht der Gelbe Hartriegel, der nicht mit dem exotischen Gelbholz-Hartriegel verwechselt werden darf. Bereits im Februar können die Blütendolden aus den Knospen brechen und die ersten Frühlingssonnenstrahlen begrüßen.

TIPP **Der Gelbe Hartriegel blüht durch seinen zarteren Blütenbau etwas dezenter als die Forsythie, aber in einer ähnlichen Farbe.**

Der Dirndlstrauch, wie der Gelbe Hartriegl noch genannt wird, liebt Wärme und Kalk. Er lebt daher als Wildpflanze am häufigsten im pannonischen Osten Österreichs, wo er im Vorfrühling prachtvoll gelb aus sonst noch winterkahlen Laubwäldern leuchtet. Dort kann er bis 10 m hoch werden. Als Gartengehölz eignet er sich sogar zum Formschnitt und sollte als einer unserer schönsten Blütensträucher viel öfter gepflanzt werden.

Der große Vorzug des Gelben Hartriegls gegenüber der Forsythie ist die vielseitige Nahrung für die Tierwelt aus Blüten und Früchten. Seine dunkelroten, eiförmigen Früchte sind mit ihrer angenehmen Säure auch für uns Menschen recht schmackhaft.

Echte Berberitze, Sauerdorn
(Berberis vulgaris)

Der heimische Sauerdorn verdient durchaus die gleiche gärtnerische Beachtung wie die meist rotlaubigen Züchtungen exotischer Sauerdornarten. Die Echte Berberitze trägt im April oder Mai hängende, gelbe Blütentrauben, die stark duften. Daraus werden im Herbst Fruchtstände mit länglichen, roten Beeren, die mit ihrer würzigen Säure besonders nach Frosteinwirkung wie Zitronen verwendet werden können.

ZÄH UND ANSPRUCHSLOS Vor allem sind diese Früchte bis weit in den Winter eine Zierde des Gartens und Nahrung für viele Tiere. Die kleinen glänzenden Blätter mit gesägtem Rand sind grün und verfärben im Herbst leuchtend orange. Höchstens 3 m Höhe erreicht dieses zartgliederige Gehölz. Seine Zähigkeit und Anspruchslosigkeit erkennen wir an den steinigen und trockenen Plätzen, an denen es in der Landschaft meistens gedeiht.

Der heimische Sauerdorn eignet sich für Gärten so gut wie exotische Arten.

Weitere heimische Großsträucher

deutscher Name	lateinischer Name	Höhe (m)	Blütezeit	Blütenfarbe	Standort	Besonderheit
Echter Wacholder	*Juniperus communis*	5	IV–V	gelb	sonnig, mager	säulenförmig
Faulbaum	*Frangula alnus*	4	V–VI	weiß	mager, nass bis trocken	Herbstfärbung
Gewöhnliche Felsenbirne	*Amelanchier ovalis*	3	IV	weiß	trocken, Kalk	rotes Herbstlaub
Gewöhnlicher Kreuzdorn	*Rhamnus cathartica*	3	V–VI	hellgrün	nährstoffreich	honigduftende Blüten
Gewöhnliches Pfaffenkäppchen	*Evonymus europaea*	3	V–VI	hellgrün	jeder Gartenboden	rote Früchte und rotes Herbstlaub
Hasel	*Corylus avellana*	6	II–IV	gelb	jeder Gartenboden	evtl. alle 6 Jahre auf Stock setzen
Liguster	*Ligustrum vulgare*	3	VI–VII	weiß	trocken	schnittverträglich
Purpur-Weide	*Salix purpurea*	6	III–IV	rot	jeder Boden	blaugrünes Laub
Rotblatt-Rose	*Rosa glauca*	3	VI–VII	rot	sonnig	purpurne Blätter
Wolliger Schneeball	*Viburnum lantana*	3	IV–VI	cremeweiß	sehr trocken	Frucht erst rot, dann schwarz
Gewöhnlicher Schneeball	*Viburnum opulus*	5	V–VI	weiß	feucht	Beeren im Winter, rote Herbstfärbung

Kleinsträucher

Sträucher, die etwa 2, höchstens 3 m hoch werden, sind für Kleingärten besonders interessant. Sie brauchen weniger Fläche, bieten uns ihre schönsten Seiten in Augenhöhe, lassen darüber hinaus noch Aussicht frei und sind doch schon ein guter Sicht- und Windschutz. Die Auswahl an heimischen Arten ist deutlich kleiner als bei Großsträuchern. Aber auch hier sollten wir Obstgehölze, insbesondere die Beerensträucher nicht vergessen.

Kleinrosen

Beim Begriff „Wildrosen" denken wir gleich an die raumgreifenden Hunds- und Heckenrosen. Unter den vielen heimischen Rosen gibt es jedoch auch ausgesprochen kleine Arten.

Die Früchte der heimischen Steinmispel werden ebenso schön wie bei ihren beliebten asiatischen Verwandten.

Die Bibernell-Rose (*Rosa pimpinellifolia*) wird nur 1 m hoch. Dafür hat sie besonders viele gerade Stacheln. Ihre Blüten sind weiß, die Hagebutten schwarz. Sie ist auf trockenwarme Standorte spezialisiert.

Auch die Essig-Rose (*Rosa gallica*), die Stammform vieler Züchtungen, ist ein Kind magerer Hutweiden und wird nur 80 cm hoch. Umso mehr überraschen ihre stark duftenden Blüten durch ihre Größe und tiefrosa Farbe.

Die Hängefrucht-Rose (*Rosa pendulina*) verträgt hingegen auch Schatten, wächst in Schluchtwäldern und steigt im Gebirge als einzige Rose über die Baumgrenze ins Krummholz. Auch ihre Blüte ist von intensiver Rosenfarbe, und sie bildet wenig Stacheln. Sie wird 2 m hoch. Alle drei Arten blühen zur Rosenzeit im Spätfrühling und bilden Ausläufer.

Steinmispel (*Cotoneaster* sp.)

Die Gattung Stein- oder Bergmispel ist in vielen Gärten reichlich durch einige chinesische Arten vertreten und vor allem als Bodendecker beliebt. Die beiden heimischen Arten sind hingegen wenig bekannt, obwohl sie an Garteneignung und Schönheit jedem Vergleich standhalten. Bilden schon die etwa 3 cm langen ovalen Blätter mit ihrer mattgrünen Oberfläche an glänzenden Zweigen ein ansprechendes Ornament, so sind die vielen roten Früchte im Sommer ein besonderer Blickfang. Die Blüten im Mai sind nicht sehr auffallend, aber von einer vornehmen Schönheit. Wir werden auf sie oft erst durch ihren regen Insektenbeflug aufmerksam.

Die Gewöhnliche Steinmispel (*Cotoneaster integerrimus*) unterscheidet sich von der Filz-Steinmispel (*Cotoneaster tomentosus*) durch kahle Blätter auf der Oberseite. Die letztgenannte Art braucht unbedingt einen kalkhaltigen Boden. Beide Arten sind in lichten, steinigen Wäldern zu Hause, sind daher mit dem magersten Boden zufrieden und werden ungefähr 2 m hoch.

Zwerg-Weichsel (*Prunus fruticosa*), Zwerg-Mandel (*Prunus tenella*)

Zu der umfangreichen Gattung Steinobst (*Prunus*) gehören auch die kleinwüchsigen Wildarten Zwerg-Weichsel und Zwerg-Mandel. Diese seltenen Sträucher finden wir bei uns nur im pannonischen Raum Ostösterreichs an trockenen, warmen Waldrändern und steinigen Halbtrockenrasen. Sie verbreiten sich durch unterirdische Ausläufer und bilden so bis zu 1 m hohe Gebüsche.

Gartenattraktion Traumhaft schöne Weichselblüten, beziehungsweise pfirsichrosa Zwerg-Mandelblüten machen beide Arten im April zu einer Attraktion des Gartens. Bei der Zwerg-Weichsel sind auch die elliptischen, glänzenden Blätter ein Schmuck, und die kleinen, dunkelroten, allerdings nur 5 mm großen Früchte eine Verkostung wert.

Die Zwerg-Mandel bildet niedere, im Frühjahr herrlich blühende Gebüsche.

Weitere heimische Kleinsträucher

deutscher Name	lateinischer Name	Höhe (m)	Blütezeit	Blütenfarbe	Standort	Besonderheit
Alpen-Johannisbeere	*Ribes alpinum*	1,5	V	gelb	sonnig bis schattig	sehr dicht
Färber-Ginster	*Genista tinctoria*	0,6	V–VII	gelb	sonnig kein Kalk	aufrechte Trauben
Gewöhnliche Heckenkirsche	*Lonicera xylosteum*	2	V–VI	cremeweiß	schattig	rote Beeren schnittverträglich
Gewöhnlicher Seidelbast	*Daphne mezereum*	1	III–IV	rosa	kalkig	sehr giftig, Duft rote Beeren
Trauben-Geißklee	*Cytisus nigricans*	1	VI–VIII	gelb	sonnig, mager, kein Kalk	bis 30 cm lange Trauben
Ohr-Weide	*Salix aurita*	2	III–IV	gelb	kein Kalk	breite Wuchsform
Perückenstrauch	*Cotinus coggygria*	2	VI–VII	weiß	warm	Frucht mit purpurnen Haaren

Zwergsträucher

Auch bei Holzgewächsen gibt es Zwergformen als Antwort der Natur auf ungünstige Lebensbedingungen. Es sind Spezialisten für ökologisch extreme Standorte, an die sie ihre Lebensweise angepasst haben.

Aufgrund ihrer geringen Größe und Produktivität haben sie einen schweren Stand gegen die Konkurrenz. Das sollten wir bei ihrer Ansiedlung im Garten berücksichtigen, denn auf einem „guten" Boden unterliegen sie leicht gegenüber starkwüchsigen Nachbarn oder Unkräutern. Auch der Echte Gamander und verbreitete mediterrane Gartenpflanzen wie etwa der Lavendel oder der Echte Salbei zählen zu den Zwergsträuchern.

Schneeheide, Frühlingsheide, Erika (*Erica carnea*)

Die Schneeheide öffnet ihre rosa bis purpurfarbenen Blüten in den ersten milden Frühlingstagen nach der Schneeschmelze. Nur 0,5 cm lang sind die wie schmale Krüge geformten Glocken, aber sie hängen in so dichten Trauben an den kleinen Zweigen und Sträuchern, dass sie weithin zu sehen sind. Bereits im Herbst bilden sich ihre Knospen und sind den ganzen Winter über als helle Kügelchen zu erkennen.

VIEL PLATZ UND LICHT In lichten, steinigen Föhrenwäldern, wie sie für Dolomit- oder Schotterböden typisch sind, bildet der ca. 20 cm hohe Polsterstrauch dichte Teppiche. Auf Silikatuntergrund wächst die Schneeheide weit seltener. Als Pioniergewächs stellt sie an den Boden geringe Ansprüche, möchte aber viel Platz und Licht.

TIPP **Je magerer ihr Standort im Garten ist, desto weniger müssen wir ihn durch Jäten von bedrängenden höheren Kräutern befreien.**

Besenheide, Heidekraut (*Calluna vulgaris*)

Oberflächlich betrachtet hat die Besenheide große Ähnlichkeit mit der Schneeheide. Auch sie ist ein dicht wachsender, 20 bis 30 cm hoher Zwergstrauch, der sich mit einem purpurrosa Blütenflor schmückt und – an einem trockenen, mageren Standort – in seiner Üppigkeit geradezu rührend wirkt.

Bei genauem Hinsehen erkennen wir freilich Unterschiede zwischen beiden Gattungen, etwa in der Form der Einzelblüten, in der Stellung der Blätter und in der Blütezeit. Das Heidekraut blüht im Spätsommer und wächst nur auf saurem Untergrund. Magere Urgesteins- und Sandböden, Moore und Rohhumuspolster sind ihr Lebensraum. Ihr Erblühen auf braunen, sommerdürren Magerweiden ist ein viel besungenes und besuchtes Naturschauspiel.

VOLLENDETE SCHÖNHEIT Weil die Besenheide Kalk meidet, gilt sie bei Gärtnern als Moorbeetpflanze. Auf kalkarmem Untergrund ist sie aber ideal auf steinigen und trockenen Gartenplätzen. Im Handel sind von der Besenheide wie von der Schneeheide oft Zuchtformen mit dunkelroten oder weißen Blüten erhältlich. Wer aber die Wildformen in der Natur erlebt, wünscht sich kaum mehr eine Veränderung ihrer vollendet schönen Farbe.

Kleines Immergrün
(*Vinca minor*)

Zwergsträucher sind meistens Anpassungsformen an Trockenheit, Nährstoffarmut oder Kälte. Das Immergrün bildet da eine Ausnahme, denn es wächst in Laubwäldern, besonders in wärmebegünstigten Hainbuchenwäldern.

Im Sommer herrscht dort tiefer Schatten, so dass die Bodenvegetation schütter bleibt und genügend Platz für das 15 bis 20 cm hohe Immergrün lässt, welches mit seinen Ausläufern die Laubstreu überspinnt und flächendeckende Bestände bilden kann.

TIPP **Wie sehr viele immergrüne Pflanzen ist es giftig, denn die wenigen grünen Blätter, die es im Winter gibt, wären allzu vielen hungrigen Mäulern und Schnäbeln ausgesetzt.**

RESSOURCEN NUTZEN Als immergrüne Holzpflanze vermag es nicht nur, die Frühlingssonne vor dem Laubaustrieb zu nutzen, sondern auch das Licht nach dem herbstlichen Laubfall und an warmen Wintertagen.

WÄCHST ÜBERALL Seine Vergissmeinnicht-blauen Blüten im Frühling und das glänzend dunkelgrüne Laub während des ganzen Jahres machen das Immergrün zu einer dankbaren Gartenpflanze, die überall, sogar an schattigen Mauern, wächst. Als niederwüchsiger Bodendecker breitet es sich schnell aus, ist aber an unerwünschten Stellen leicht zu entfernen.

Schneeheide und Besenheide (o. und M.) lieben wie die meisten Zwergsträucher magere, helle Plätze. Das Immergrün (u.) wächst ausnahmsweise auch im Schatten.

Kletterer

Verholzende Kletterpflanzen, auch Lianen genannt, bilden keine selbsttragenden Stämme, sondern stützen sich bei ihrer Suche nach lichten Höhen auf fremde Strukturen. Naturgemäß sind es Waldbewohner, denn nur dort hat diese Wuchsform einen Sinn. Daraus ergibt sich auch, dass Lianen ihren Fuß im Schatten, ihre Blüten aber in der Sonne haben möchten. Sehr unterschiedliche Organe zum Klettern und Sichern bei den einzelnen Arten illustrieren den verblüffenden Erfindungsreichtum der Natur.

Efeu (*Hedera helix*)

Der Efeu ist ein überaus prächtiges – und ebenfalls schwach giftiges – Hartlaubgewächs. Er ist ein Wurzelkletterer, sein Stamm bildet an der dem Licht abgewandten Seite Wurzeln. So kriecht er mit einer Höhe von 5 cm am Boden und macht Ableger. An Felsen, Mauern oder alten Bäumen klettert er bis 20 m hoch, indem zahllose kleine Wurzeln jede Spalte oder Ritze zum Festhalten nutzen.

Der Efeu ist gestalterisch und ökologisch besonders interessant.

Späte Pracht Nährstoffe holt der Efeu nur aus erdigem Substrat, ist also keine Schmarotzerpflanze wie die Misteln, die einzigen schmarotzenden Gehölze in unseren Breiten. Ungewöhnlich ist auch die Blühzeit der stark duftenden Dolden im Herbst, weshalb der Efeu von Imkern als Spättracht geschätzt wird. Befruchtet wird er vor allem von Wespen. Seine schwarzen Beeren sind dann im Frühling eine beliebte Vogelnahrung.

Auch im Garten ist der Efeu an großen Bäumen und an Wänden Schmuck, Schattenspender und Nistplatz für frei brütende Vögel. In Bäumen bleibt er im stammnahen Schattenbereich, so dass er den Blättern seines Gastgebers kaum Licht wegnimmt. Bei alten, rissigen und feuchten Mauern kann er allerdings auch auf einmal in Innenräumen auftauchen.

Echtes Geißblatt, Jelängerjelieber (*Lonicera caprifolium*)

Ganz anders klettert das Geißblatt, es windet sich empor. Seine Zweige wachsen nicht gerade in die Höhe, sondern versuchen, links herum ihre Unterlage zu umschlingen. Das ist nur an dünnen Stämmen möglich, also gerade dort, wo der Efeu wenig Chancen hat.

Das Echte Geißblatt besticht durch große, duftende Blüten.

Betörender Duft Das Geißblatt ist in lichten Trockenwäldern und an Waldsäumen zu Hause und eignet sich im eigenen Garten für Rankgerüste oder die Unterpflanzung einer Hecke, damit diese noch dichter und bunter wird.

Im Spätfrühling erscheinen die in Scheinquirlen angeordneten hellgelben Blüten mit etwa 3 bis 5 cm langen Kronröhren und einem betörenden Duft, der in der Dämmerung große Schwärmer anlockt. Auch bei dieser Art gibt es Züchtungen, deren meist rot getönte Blüten die schlichte Schönheit der Wildform nicht unbedingt übertreffen.

Alpenrebe (*Clematis alpina*)

Die kletternden Waldrebenarten verwenden die Stiele ihrer gefiederten Blätter als Kletterranken. Während die Gewöhnliche Waldrebe mit ihrer Wuchsshöhe von 10 bis 15 m für Durchschnittsgärten meistens zu groß ist, empfiehlt sich die Alpenrebe als gemäßigte Alternative. Sie wird nur 3 m hoch und klettert mit fingerdicken Lianen an Wänden, Zäunen oder Sträuchern. Wild wächst sie im Gebirge vor allem in der Krummholzzone und blüht im Juni mit hellblauen, 4 bis 6 cm großen Glocken. Auch bei der Alpenrebe sollten wir zuerst ihre wilde Schönheit gesehen haben, bevor wir eine andersfarbige Zuchtsorte kaufen.

Weitere heimische Klettergehölze

Ein Klettergehölz ist auch die im vorigen Kapitel beschriebene Weinrebe. Als Gelegenheitskletterer kann man Brombeeren und Rosen bezeichnen. Diesen sogenannten Spreizklimmern dienen ihre Stacheln als Kletterhaken. Großwüchsige Wildrosen wie die verbreitete Hundsrose, die als Strauch etwa 3 m hoch werden, erreichen in Bäumen oder Rankgerüsten die doppelte Höhe. Brombeeren überziehen als 0,5 m hohe Bodendecker ganze Waldschläge, können aber an Sträuchern und anderen Stützen ihre süßen Beeren auch 2 bis 3 m hoch hängen. Wegen ihrer unangenehmen Stacheln und der starken Ausbreitung durch Ableger sind wilde Brombeeren mit Vorbehalt für Gärten zu empfehlen.

Die Alpenrebe ist zwar kleiner als andere Waldreben, aber ebenso schön.

Lebensraum nicht nur für Menschen

Ein Garten ist Pflanzenstandort, Biotop für Tiere und zentraler Lebensraum für Menschen, den wir als erweiterte Wohnung einrichten. Gehölze sind einerseits Teile einer Lebensgemeinschaft, andererseits verändern sie ihren Lebensraum. Und wir können mit ihnen bauen und gestalten. Ein naturnaher Garten hilft, auch unsere eigene Natur zu entdecken, wirkliche Bedürfnisse zu erkennen und anerzogene Ordnungsvorstellungen zu hinterfragen. Kinder sind dabei meist wunderbare Begleiter.

Die Welt der Waldkräuter

In Bezug auf Pflanzen spricht man eher von Standort als von Lebensraum, weil sie nicht wandern können. Tiere bewegen sich und brauchen oft gleich mehrere Teillebensräume für ihre verschiedenen Aktivitäten oder Entwicklungsstadien. Gehölze prägen sowohl den Standort von Pflanzen als auch den Lebensraum von Tieren. Sehr viele Lebewesen sind auf sie angewiesen, weil unsere Kulturlandschaft ursprünglich Wald- und Buschland mit schattigem Boden war. Mit einer naturnahen Gartengestaltung mit Gehölzen schaffen wir daher Lebensmöglichkeiten für unzählige weitere Pflanzen- und Tierarten.

Schattengewächse

Viele Blumen und fast alle Farne mögen keine volle Sonne, sondern verschiedene Grade der Beschattung. Obwohl für alle grünen Pflanzen das Sonnenlicht die einzige Quelle ihrer Lebensenergie ist, sind viele Kräuter im Schatten zu Hause. Da sie im Höhenwachstum gegenüber den Holzgewächsen ohnehin chancenlos sind, haben sie sich daran angepasst, mit dem von diesen durchgelassenen Restlicht auszukommen.
Dafür haben sie verschiedene Strategien entwickelt. Einige kompensieren die geringere Lichtintensität mit einer grö-ßeren Kollektorfläche. Wurm-, Frauen-und Straußenfarn bilden ausgebreitete Trichterrosetten. Auch der in Bachtälern beheimatete Geißbart hat auffallend großes Laub, während der zarte Wald-Sauerklee den Boden mit zahlreichen Blättern fast vollkommen überdecken kann. Diese hübsche Pflanze schmeckt nicht nur sauer, sondern liebt auch sauren Humus.

Wettlauf um das Licht

Sehr viele Pflanzen nutzen die helle Zeit am Boden des Laubwaldes zwischen Oktober und Mai. Die Zyklame hat so wie das Kleine Immergrün ständig grüne Blätter, die mindestens zwei Vegetationsperioden lang bestehen. Die wintergrünen Blätter von Leberblümchen, Haselwurz und Schneerose leben zwar kaum länger als ein Jahr, aber auch sie können in milden Winterzeiten assimilieren, bevor sie im Frühjahr absterben und neuen Blättern Platz machen.

Prachtvolle Kleinode Das Gleiche gilt für wintergrüne Farne, etwa den Tüpfelfarn und die Streifenfarnarten, zu denen auch die Hirschzunge gehört. Sie sind prachtvolle Kleinode auf schattigen Mauern, auf denen sich meist auch von selber Moospolster und Flechtenkrusten dazu gesellen und eine interessante Kleinvegetation bilden.

Schnellstarter Die meisten Waldblumen treiben erst im Frühling aus, allerdings lange vor den Bäumen. Knollen, Zwiebeln oder dicke Wurzelstöcke speichern bei diesen Pflanzen Reservestoffe am oder im Boden und ermöglichen damit den frühen Austrieb. Der

Im Schatten bildet der Straußenfarn 1 m hohe Blatttrichter und vermehrt sich durch Ausläufer.

zeitliche Vorsprung gegenüber den Gehölzen ist lebensentscheidend, denn sobald diese ihr Laub entfalten, gelangen nur mehr 1 bis 10 % des Tageslichts auf den Boden.

In diesem Dämmerlicht beenden viele Frühblüher ihre Vegetationsperiode bereits im späten Frühjahr. In den wenigen Frühlingswochen müssen Schneeglöckchen und Bärlauch, Lerchensporn und Lungenkraut mit vielen anderen nicht nur blühen und reifen, sondern auch ihre unterirdischen Bunker wieder füllen, um für einen neuerlichen Schnellstart in den ersten milden Wochen des nächsten Jahres gut gerüstet zu sein.

Weitere empfehlenswerte Wildpflanzen für schattige Standorte

deutscher Name	lateinischer Name	Blütezeit	Blütenfarbe	Standort	Besonderheit
Ausdauernde Mondviole	*Lunaria rediviva*	V–VI	lilaweiß	feucht	dekorative Frucht
Frühlings-Knotenblume	*Leucojum vernum*	II–IV	weiß	feucht	schwach giftig
Geißbart	*Aruncus dioicus*	VI–VII	cremeweiß	sonnig	zweihäusig, 1 m hoch
Hainsimse	*Luzula* sp.	IV–VI	braun	kein Kalk	breite, grasartige Blätter
Scharbockskraut	*Ranunculus ficaria*	II–IV	gelb	feucht	leuchtende Blütensterne
Wald-Sauerklee	*Oxalis acetosella*	IV–V	weiß	feucht, sauer	schwach giftig
Woll-Hahnenfuß	*Ranunculus lanuginosus*	V–VII	gelb	feucht	giftig
Wurmfarn	*Dryopteris filix-mas*	VII–IX	keine Blüten, Sporenpflanze	jeder Gartenboden	robust und schön

Im Halbschatten

Lockere Gehölzbestände, einzeln stehende Bäume oder Heckenränder sind deutlich hellere Standorte. Dort gedeihen Blumen der lichten Wälder, die oft erst im späten Frühjahr blühen wie Goldnessel, Große Sternmiere, Wald-Glockenblume oder sogar erst im Sommer wie Wasserdost, Geißbart und Schmalblatt-Weidenröschen. Die letztgenannten Hochstauden eignen sich auch vorzüglich für halbschattig bis sonnig gelegene Staudenbeete.

Im Schatten von Gehölzen, wo sich viele Gärtner über Moos im Rasen ärgern oder jegliche Vegetation mit Rindenmulch unterdrücken würden, blühen die genannten und manch andere herrliche Blumen.

Bei einer Neuanlage setzt oder sät man diese Arten im Bereich von Gehölzen. Bei einem vorhandenen Wiesenbestand befreit man am besten einige etwa 1 m² große Flächen vom Grasbewuchs inklusive Wurzeln, um das nötige Saat- oder Pflanzbeet zu gewinnen. Einige der genannten Arten vertragen keinen Schnitt, so dass wir dort, wo sie wachsen, nur einmal zu Frühlingsbeginn mähen.

Das Netz der Lebensgemeinschaft

Wie alle Pflanzen unserer Flora ermöglichen auch diese hübschen kleinen Gehölzbegleiter, dass verschiedene Tiere in unseren Garten finden und dort auch bleiben können. So zählen die Blüten von Wasserdost und Wild-Engelwurz zu den attraktivsten Insektenblumen. Wiesen-Schaumkraut und Lauchkraut sind die wichtigsten Futterpflanzen für die Raupen des Aurorafalters. Selbst Brennnesseln sind kein unnötiges Unkraut, sondern die einzige Nahrung der Raupen von Tagpfauenauge, Kleinem Fuchs oder Admiral. So führt alles zu einer Kette von Folgereaktionen, immer mehr Lebewesen vernetzen sich und füllen die von Gehölzen geprägten Lebensräume.

Weitere empfehlenswerte Wildpflanzen für halbschattige Standorte

deutscher Name	lateinischer Name	Blütezeit	Blütenfarbe	Standort	Besonderheit
Busch-Windröschen	*Anemone nemorosa*	III–V	weiß	frisch, sauer	schwach giftig
Frühlings-Platterbse	*Lathyrus vernus*	IV–V	rot, später blau	kalkhaltig	gefiederte Blätter
Frühlings-Schlüsselblume	*Primula veris*	IV–V	dottergelb	trocken	vitaminreiche Blätter
Kriech-Günsel	*Ajuga reptans*	IV–VI	blau	frisch	Ausläufer
Lauchkraut	*Alliaria petiolata*	IV–VI	weiß	nährstoffreich	Wildgemüse
Milzkraut	*Chrysosplenium alternifolium*	IV–VI	gelb	feucht	bildet Kolonien
Pfennigkraut	*Lysimachia nummularia*	V–VII	gelb	feucht	zarte Ranken am Boden
Rote Lichtnelke	*Silene dioica*	IV–IX	rot	frisch	zweihäusig
Straußenfarn	*Matteuccia struthiopteris*	VII–IX	keine Blüten, Sporenpflanze	feucht	prächtigster Farn
Wiesen-Schaumkraut	*Cardamine pratensis*	IV–VI	hellviolett	frisch	schlank
Wild-Engelwurz	*Angelica sylvestris*	VII–IX	weiß	jeder Gartenboden	zweijährig

Was in und unter Zweigen wohnt

Singende Vögel und fliegende Insekten in Bäumen und Sträuchern machen uns auf eine reiche, aber großteils verborgene Tierwelt aufmerksam. Grünes Gezweig oder dichter Unterwuchs wehrt den Durchblick von außen ab, verbirgt und schützt so manches Tier, welches darinnen wohnt. Oft gibt erst im Winter das entlaubte Geäst manches Geheimnis preis, ein Vogelnest oder einen Wespenbau etwa, die freilich längst verlassen sind.

TIPP **Für viele Tiere sind Falllaub, totes und morsches Holz genau so wichtig wie Blüten und Früchte, und sind daher nach Möglichkeit zu belassen. Unnötige Putzsucht sollten wir der Tierwelt zuliebe vermeiden.**

Vögel – Sänger in luftiger Höhe

Weil sie tagaktiv sind, viel fliegen und wunderbar singen, sind Vögel allgemein bekannt und beliebt. Für viele Arten haben Gehölze eine große Bedeutung als Singwarte, als geschützten Brutplatz in Höhlen, Zweigen oder am Boden und als Nahrung.

Die leuchtenden Farben, die ansprechenden Formen und der gute Geschmack vieler Früchte sind ja von der Natur entwickelt worden, um Tiere anzulocken, die sie verbreiten. Für Gimpel und Zeisig sind manche Gehölzknospen eine wichtige Winternahrung.

Säugetiere – unterwegs bei Nacht und Nebel

Säugetiere sehen wir weit seltener als Vögel, weil die meisten Arten erst am Abend aktiv werden und den Schutz der Dunkelheit nutzen. Siebenschläfer, Hasel- oder Waldmaus z. B. fallen durch ihre großen Augen auf, die sie als Nachttiere ausweisen. Andere nachtaktive Tiere haben dagegen besonders kleine Augen. Spitzmäuse und andere nehmen ihre Umgebung mit einem hoch entwickelten Gehör-, Tast- und Geruchssinn wahr. Da sie sich ohnehin zu einem Großteil in der dunklen Laubstreu bewegen, wären leistungsfähige Augen keine große Hilfe.

Laub und Reisig sind auch der Rückzugsraum für Igel. Dieser Schneckenjäger ist wenig scheu und lässt sich oft beobachten. Weil der Igel so offenkundig den Strukturreichtum naturnaher Gärten braucht, in auf- und ausgeräumten Gärten hingegen auch bei genügend Nahrung

Die Mönchsgrasmücke wohnt, singt und nistet in Sträuchern.

nicht existieren kann, eignet er sich hervorragend als Werbeträger für eine naturnahe Gartenkultur.

Ihre großen Augen kennzeichnen Waldmäuse als nachtaktive Tiere.

Kriechtiere – Leben im Verborgenen

Auch diese kleine Tiergruppe mit durchwegs gefährdeten Arten kann durch Gehölze gefördert werden. Die Verrottungswärme von Laubansammlungen oder Komposthaufen nutzen Blindschleichen und gebären dort sogar ihre Jungen. Auch Schlangen begeben sich zur Eiablage dort hin. Besonnte Stämme und Strünke sind ein beliebter Aufenthaltsort für diese wärmebedürftigen Tiere, ähnlich wie Steine. Zauneidechsen z. B. sitzen lange regungslos da und verschwinden blitzschnell, wenn wir zu nahe kommen.

Lurche – fit zu Land und im Wasser

Mit ihrer dünnen, feuchten Haut bevorzugen Lurche ein eher feuchtes Kleinklima. Sie halten sich auch gerne im Wasser auf, ihre Larvenentwicklung und ihre Fortpflanzung spielt sich nur dort ab.

An Land sind sie bei Regen oder des Nachts unterwegs. Trockene Tageszeiten verbringen Frösche z. B. am Boden im tiefen Schatten unter Sträuchern und Hochstauden. Erdkröten graben sich unter Wurzeln oder morschem Altholz ein. Alle Lurche jagen kleine wirbellose Tiere, unter anderem auch Schnecken.

Käfer – die größte Insektengruppe

Vertreter dieser artenreichsten Insektengruppe bewohnen alle Bereiche von Gehölzen. Am Boden entdecken wir z. B. die Larven von Johanniskäfern oder die so schön gefärbten großen Laufkäferarten. Beide zählen zu den wichtigsten Gegenspielern der Schnecken, sind jedoch selten zu sehen. Für die flugunfähigen Laufkäfer ist moderndes Holz nicht nur Tagesversteck, sondern vor allem das notwendige Winterlager.

Auf Holz spezialisiert Die Larven, vor allem mancher Bockkäfer, leben überhaupt nur in totem Holz. Sie verbinden Wohnungsbau mit Ernährung, indem sie Fraßgänge durchs Holz bohren. Der Rosenkäfer frisst im Larvenstadium Mulm von Holz genau so wie im Komposthaufen. Nach seiner Verwandlung zum erwachsenen Käfer finden wir ihn wieder auf den Blüten mancher Gehölze.

Als Larve ernährt sich der Rosenkäfer von verrottendem Mulm.

Die Blaue Holzbiene nagt ihre Brutkammern in dürres Holz.

Hautflügler – einfallsreiche Architekten

Die Bezeichnung für diese Insektengruppe meint die Verwandtschaft der bekannten Ameisen und Wespen, Hummeln und Bienen, darunter das kleinste Haustier, die Honigbiene. Dass die Blüten vieler Obst- und Ziergehölze eine wichtige Nahrung für diese Tiere darstellen, weiß jeder, der einmal bewusst das geschäftige Summen dieser Insekten in einem blühenden Baum erlebt hat.

Intelligente Baumeister Wespen bilden so wie Hummeln einjährige Staaten und errichten kunstvolle Wabenbauten. Zur Gewinnung des Baustoffs benagen sie angewittertes Holz von Zäunen oder dürren Ästen.

Unterschlupf für Insekten Ausbohrlöcher von Totholz bewohnenden Käferlarven sind Wohnung für viele einzeln lebende Wildbienen, sogenannte Solitärbienen, sowie für manche Wespen.

Weil totes Holz vielerorts selten geworden ist, werden Ersatzhöhlen, die wir bereitstellen, von vielen Hautflüglern dankbar angenommen. Angebohrte Holzklötze oder liebevoll gestaltete „Insektenhotels" an warmen Sonnenplätzen ziehen einen regen Verkehr an. Wildbienenweibchen suchen sich ein Loch aus, tragen Blütenstaub ein und legen ihre Eier, bevor sie die Brutkammer zumauern. Goldwespen legen als Parasiten ihre Eier in die Höhle von anderen Wespen, die erbeutete Gliederfüßler als Larvennahrung eingetragen haben.

Die Hautflügler zeigen uns in ihrer Vielfalt an Formen und Fortpflanzungstrategien den Erfindungsreichtum der Natur und ebenso die einfachen Mittel, mit denen wir Tieren ein Leben in unserem Garten ermöglichen können.

Schmetterlinge – willkommene Gartenbesucher

Manche Schmetterlinge sind vollkommen auf bestimmte Gehölzarten angewiesen. So können sich die Raupen des Zitronenfalters nur auf dem Faulbaum oder dem damit nahe verwandten Kreuzdorn entwickeln, denn sie vertragen keine andere Nahrung als die Blätter dieser Sträucher. Der Schillerfalter entwickelt sich ausschließlich an Weiden. Die Raupen unseres größten Schmetterlings, des Großen Nachtpfauenauges, leben auf Kirsch- und Birnbäumen.

Recht viele Schmetterlingsarten sind von heimischen Gehölzen abhängig, sowohl Tag- als auch Nachtfalter. Viele ruhen auch gerne an Stämmen, wo sie ein perfektes Tarnkleid nahezu unsichtbar macht.

Spinnen – wichtige Insektenjäger

Diese achtbeinigen Gliederfüßler sind sämtlich hochspezialisierte Jäger mit verschiedenen Jagdtechniken. Die Fangnetze der Webspinnen fallen uns besonders bei Nebel auf, wenn anhaftende Wassertropfen die hauchzarten Spinnfäden sichtbar nachen. Die sehr unterschiedlich gebauten Hauben-, Baldachin- oder Radnetze haben alle gemeinsam, dass sie als Hängekonstruktionen an erhöhten Zweigen befestigt sind. Daher bieten Gehölze vielen Arten geeignete Bauplätze. Die Anwesenheit vieler Spinnen ist ein gutes Zeichen. Denn diese für Menschen völlig harmlosen Gifttiere sind die wichtigsten Insektenregulatoren.

Grünräume zum Wohlfühlen

Der Mensch war ursprünglich ein Kleingruppenwesen und in halb offenen Landschaften zu Hause. Wenige Generationen in urbaner Zivilisation haben den starken Hang zu einer natürlichen Umwelt nicht verdrängt, obwohl er in unserem immer städtischer und künstlicher werdenden Milieu völlig unangepasst erscheint.

Stadtflucht und Freizeitnomadentum sind Symptome für eine von Sozialforschern und Psychologen diagnostizierte und von vielen Laien empfundene Unwirtlichkeit der Städte. Auch der große Aufwand von Geld und Arbeitszeit, den Millionen Menschen in ihren Garten, notfalls ihren Balkon oder ihr Blumenfenster investieren, zeugt von einer verbreiteten Sehnsucht nach Kontakt zur Natur und zu grünenden Pflanzen.

Balance zwischen Ordnung und Wildnis

Einen gelungenen Naturgarten empfinden wir als paradiesisch, weil er zwischen den Extremen perfekter Ordnung und abweisender Wildnis so einige kaum bewusste Bedürfnisse des Menschen erfüllen kann: nach Sonne und Schatten, nach Überschaubarkeit und Geborgenheit, nach Repräsentation und Privatheit, nach offenkundiger Schönheit und noch nicht entdeckten Geheimnissen.

Diese scheinbaren Widersprüche passen schlecht in das vereinfachende Denkmuster von Ursache und Wirkung, mit dem uns der Blick auf die komplexe Wirklichkeit des Lebens verstellt wird. Dennoch verspüren wir, etwa im Urlaub in einer mediterranen Kulturlandschaft oder beim Betreten eines Gartens, in dem Pflege und Wildnis in der rechten Balance stehen, ein Wohlgefühl, welches aus Ruhe und Anregung gemischt ist. Bei der Suche nach den Faktoren eines für den Menschen artgemäßen Lebensraumes hilft uns die Beobachtung von Kindern und das Erinnern an das eigene, hoffentlich nicht völlig verlorene Kindsein.

Strauchhäuser und andere grüne Höhlen

Eine magische Anziehungskraft auf Kinder haben Nischen und Höhlen unter Sträuchern, in die sie gerade noch hineinpassen.

Im Kindergarten von St. Peter in der Au trifft man sich im Weidenhaus.

Basteln, Spielen, Klettern Zum Verstecken, Ruhen oder Klettern sollten wir unempfindliche Sträucher, z. B. den raschwüchsigen Schwarzen Holunder in Gesellschaft mit der Gewöhnlichen Waldrebe einpflanzen, die ihn bald in ein dichtes Lianengewebe hüllen wird. Vom Holunder können überdies die mit weichem Mark gefüllten Röhren der einjährigen Triebe zum Basteln von Wasserleitungen, Spritzen und Pfeifen, von der Waldrebe die zähen Lianen als Seile oder Spagat verwendet werden.

Wo es zu eng wird, schneiden wir die nötigen Räume aus, oder wir binden störende Zweige zu Stellen hin, wo eine Verdichtung erwünscht ist. Ein gewisser Nachteil solch einfacher Strauchhäuser ist es, dass sie sich erst im Lauf der Jahre entwickeln und heranwachsen. Umgekehrt verursachen sie die wenigste Arbeit.

Ein Baumhaus ist natürlich das Nonplusultra. Welches Kind träumt nicht davon, darin oder darauf zu spielen? Die Herstellung sollte jedoch einem verantwortungsbewussten Erwachsenen überlassen werden, sie ist kein Kinderspiel. Denn die Verankerung von Trägern und Stützen in lebendem, sich im Wind bewegendem Holz in luftiger Höhe erfordert eine regelrechte Baustelle.

Aber der Aufwand lohnt sich, ist doch so ein Rückzugsraum mit exzellenter Aussicht im Schutz einer großen Baumkrone schwer zugänglich und dazu noch regendicht und kommt unserem Bedürfnis nach Sicherheit und Überblick besonders entgegen.

Weiden – idealer Werkstoff für grüne Refugien

Ihre einzigartige Ausschlagfähigkeit macht die Weide zu einem besonders vielseitigen Baustoff. Mit ihr lassen sich Strauchhaus und Reisighaus kombinieren, und wir können ein lebendes Weidenhaus bauen. Das geht allerdings nur im entlaubten Zustand zwischen Oktober und Mai, wobei das Material bis Ende März geschnitten

Reisighaus

Geschnittene Zweige von Hasel, Weide und anderen nicht zu sperrig wachsenden Gehölzen eignen sich zum Flechten. Nachdem mithilfe einer Eisenstange im Abstand von 30 cm ungefähr 40 cm tiefe Löcher in den Boden gebohrt wurden, werden 2,5 bis 3 m lange und 5 bis 7 cm starke, gerade Äste hineingesteckt. Die Löcher umschreiben den kreisförmigen Grundriss der Hütte, der je nach Verwendungszweck einen Durchmesser von 1 bis 2,5 m haben sollte. Die Zweige werden an ihrem oberen Ende zusammengebunden, so dass eine Art Kegel entsteht wie bei einem Tipi. Man kann aber auch genügend dünne Schößlinge zu einer Kuppel, ähnlich einem Iglu formen. In einem nächsten Arbeitsschritt werden diese Streben mit querliegenden Trieben verflochten, wobei ein Eingang, eventuell auch ein Fenster, freizuhalten ist.

Im Generationenpark von Leobersdorf werden die Weidenhäuser immer dichter.

Neue Weidenzäune begrünen sich bald.

und schattig gelagert werden sollte. Wie das Reisig- wird auch das Weidenhaus aus in den Boden gesteckten, kreisförmig angeordneten, oben verbundenen Gerüstästen konstruiert und mit dünneren Ruten verflochten.

Weil Letztere ohne Bodenkontakt ausdörren, stecken wir kürzere Stecklinge zwischen die tragenden Stangen und flechten diese mit. An der Basis sollen noch ganz kurze Stecklinge Triebe für das Einflechten in den nächsten Jahren bilden, um die morschenden toten Ruten allmählich durch lebende zu ersetzen.

Alternative Bauweise Nach einer abgewandelten Methode flechten wir von Anfang an mit schlanken Stecklingen vom Boden weg schräg aufsteigend, dass die Hütte ausschließlich aus wachsenden Elementen besteht. Während die Stecklinge sich bewurzeln, wird sich im Frühling das Haus belauben und von Jahr zu Jahr dichter werden. Durch Einkürzen und Einflechten neuer Triebe bleibt dieses Refugium lange Zeit in Form. Den Boden all dieser Laubhütten polstern wir mit trockener Laubstreu oder Heu aus. Einfache Sitze und Tische improvisieren wir aus starken Stammstücken.

Von allen Pflanzen lassen sich Weiden am leichtesten durch Stecklinge vermehren. Daher sind sie ein idealer Werkstoff für grünende Bauwerke. Von den vielen Arten ist die bekannteste die Sal- oder Palm-Weide, aber sie eignet sich weniger als etwa Silber-, Bruch- oder Purpur-Weide. Die männlichen Weiden sind mit ihren gelben Blüten eindeutig schöner und deshalb zu bevorzugen.

Stecklinge sind während der Winterruhe als Zweige beliebiger Länge und Stärke zu ernten. Seitenzweige sollten entfernt werden, damit sie leichter anwachsen. Je nach Länge werden sie 25 bis 60 cm tief in gebohrte oder gegrabene Löcher im Boden gesteckt, mit Erde gefüllt und festgetreten. Die ideale Zeit für Weidenbauwerke ist der zeitige Frühling. Wenn geerntete Weidenzweige längere Zeit auf ihre Verwendung warten, schützen wir sie vor dem Austrocknen, indem wir sie schattig lagern und mit Laubstreu oder Heu bedecken.

Tunnels und Zäune

Wenn wir Weidenstecklinge bogenförmig setzen, bewurzeln sich beide Enden. Im Abstand von 10 bis 20 cm gesteckt, lassen sich so Tunnels mit geschwungenem Grundriss bauen. Bei einer Stecklingslänge von 180 cm werden es Kriechtunnels. Wollen wir darin laufen können, so werden wir im Abstand von 80 cm zwei Reihen

Verschieden große Weidenarten

Falls wir daran denken, Weiden und Weidenbauten nicht immer betreuen zu wollen, sondern später frei wachsen zu lassen, sollten wir von vornherein eine Weidenart wählen, die die gewünschte Höhe und Breite nicht überschreitet. Silber-, Bruch- und Trauerweiden wachsen ohne entsprechende Bremse sehr rasch zu gewaltigen Bäumen heran. Purpur- und Lavendel-Weide erreichen eine Höhe von etwa 6 m, die Mandel-Weide 4 m.

von Stecklingen gleicher Länge einsetzen und jeweils zwei gegenüberliegende zu einem Bogen zusammenbinden.

Bei beiden Tunnelvarianten dienen waagrecht geflochtene dünne Zweige der Stabilisierung und dem optischen Eindruck eines Tunnels, wobei es wieder die gleichen verschiedenen Möglichkeiten gibt wie beim Weidenhaus. Schön grün und dicht wird so ein Tunnel erst mit dem Austrieb und in den folgenden Jahren, wenn wir immer neue Zweige in Decke und Wand einflechten. Auch der Tunnelboden kann mit Laub, Sand oder Kies ausgestaltet, der Tunnel selbst in Räume oder Nischen gegliedert werden.

Weidenzäune Mit der gleichen einfachen Technik lassen sich auch Zäune bauen, wenn vielleicht für eine richtige Hecke der Platz nicht reicht oder nur eine zarte Raumgliederung oder Einfassung eines Beetes, eines Plätzchens usw. gefragt ist. In jeder gewünschten Höhe setzen wir Weidenstangen und verflechten sie fürs Erste mit dünnen Zweigen. Oder wir stecken sich überschneidende Bögen in Längsrichtung. Ein geschwungener Grundriss ist stabiler und schöner. Die Pflege und Verdichtung geschieht ebenso wie bei Weidenhaus und Weidentunnel.

Gute Baumschulen haben verschiedene heimische Strauchweiden in ihrem Sortiment. Falls wir sie im Freiland finden, bestimmen und vom Grundbesitzer die Erlaubnis bekommen, können wir selber Stecklinge gewinnen. Übrigens wachsen Weiden im Garten auch im Trockenen recht gut, wenn wir sie in den ersten Wochen nach dem Stecken gießen.

Vielseitig verwendbares Totholz

Totes Starkholz ist Lebensraum vieler Tiere, gleichzeitig können wir aus ihm einfache Bänke oder Spielgeräte zum Schaukeln, Springen oder Balancieren herstellen. Selbstverständlich wird auf Imprägnierungen mit Holzschutzmitteln verzichtet, denn das Leben von Tieren oder Pilzen im Holz soll gefördert werden und die Atmosphäre dieses warmen, angenehmen Materials erhalten bleiben. Da starkes Holz von innen her, wo sich die Feuchtigkeit hält, zersetzt wird, ist ein Außenanstrich ohnehin ziemlich wirkungslos.

Magie des Feuers

Irgendwelches Holz bleibt immer übrig als Heizmaterial. Ein kleines Lagerfeuer im Garten – so weit es im Einklang mit örtlichen Vorschriften steht – gibt Wärme, vertreibt Mücken und verbreitet einen Zauber, der jeden anzieht. Die Beherrschung des Feuers war neben der begrifflichen Sprache die erste große Errungenschaft bei der Entwicklung des Menschen zum Kulturwesen. Der Anblick der sich dauernd verändernden Flammen eines offenen Holzfeuers vermag in unserem Unterbewusstsein vielleicht uralte Erinnerungen zu wecken. Ob wir dabei träumen, mit nahe stehenden Menschen reden, Kartoffeln oder andere Häppchen braten, immer spüren wir, wie wenig wir eigentlich brauchen, um uns rundum wohlzufühlen.

Ein Lagerfeuer fasziniert Jung und Alt.

Dialog mit Gewachsenem

Wer als Erwachsener Kinder ernst nimmt und mit ihnen Teile des Gartens nach ihren Bedürfnissen gestaltet, ortet vielleicht auch in der eigenen Seele manche vergleichbare Sehnsucht.

Kinder als Lehrmeister

Kinder lernen am meisten durch Spielen. Nicht nur das Beobachten und Wahrnehmen mit allen Sinnen, sondern auch die handgreifliche Auseinandersetzung mit der Umwelt, das Bauen, Zerstören und Experimentieren, lässt eine Beziehung zu Gegenständen reifen. Bäume und Sträucher sind billig, flexibel, wachsen nach und sind vielseitig verwendbar.

Noch wichtiger ist die emotionale Atmosphäre, die von Lebewesen ausgeht: Sie verändern sich mit den Jahreszeiten, mit ihrem Wachstum, sie reagieren auf unser Tun, sie sind schön und voller Geheimnisse und sie regen an zu kreativer Auseinandersetzung. Der Dialog mit Gewachsenem trägt entscheidend zur Persönlichkeitsentwicklung bei. Naturberührung macht nicht nur Kinder glücklich.

Ein Lagerplatz mit einer Feuerstelle auf einer Lichtung, eine Sitzgruppe unter einem Schatten spendenden Blätterdach, ein Reisighaus im Grünen, das mit frischem Heu gepolstert zur Siesta, einer Schmökerstunde oder zu einer lauen Sommernacht im Freien einlädt: Nur Vorurteile oder eingefahrene Gewohnheiten hindern uns, solche Möglichkeiten einzurichten und sie dann wie Kinder zu genießen.

Ein Garten als Paradies

Auch Erwachsene erfahren die heilende Kraft einer intakten Natur, je mehr sie in diese eintauchen, sich als Teil von ihr empfinden und dabei ihre eigene Natur finden. Wir alle träumen von einer menschlicheren Welt, in der wir uns geborgen fühlen, weil wir anderen Lebewesen und der Biosphäre mit Respekt und Vertrauen begegnen. Naturnahe Gärten können zwar die große Natur niemals ersetzen, aber sie sind vorzügliche Versuchs-, Spiel- und Lernorte zur Entwicklung einer zukunftsfähigen Beziehung zu unserer Mit- und Umwelt. Bäume und Sträucher spielen mit ihren vielen Formen, Lebensphasen und Nutzungsmöglichkeiten eine prominente Rolle bei der Gartengestaltung. Die Hinweise in diesem Buch möchten dazu ermutigen, mit diesen vielseitigen Pflanzen paradiesische Lebensräume zu schaffen, in denen sich ebenso Tiere wie Menschen wohlfühlen.

Bäume sind ideale Spiel- und Erfahrungsräume.

Gehölzregister

Fett gedruckte Seitenangaben beziehen sich auf Abbildungen. Die Abkürzung sp. = species besagt, dass mehrere Arten dieser Gattung in Frage kommen.

Beratungstipps

Firmenunabhängige Beratung über alte Sorten erhält man bei

Arche Noah, Gesellschaft für die Erhaltung der Kulturpflanzenvielfalt & ihre Entwicklung

Obere Straße 40
A-3553 Schloss Schiltern
Tel./Fax: +43 27 34/86 27
www.arche-noah.at

Für Informationen steht auch das Niederösterreichische Gartentelefon zur Verfügung.

Tel.: +43 27 42/743 33

Literaturempfehlungen

Fitschen, Jost (2002): Gehölz-Flora von Mitteleuropa. Quelle & Meyer, Wiebelsheim.

Amt d. NÖ. Landesregierung (2000): Der Nö. Naturgarten-Ratgeber. Heft 7: Bäume, Sträucher & Co. St. Pölten.

Amt d. NÖ. Landesregierung (2003): Der Nö. Naturgarten-Ratgeber. Nr. 14: Obst im Hausgarten. St. Pölten.

Gamerith, Werner (2000): Naturgarten. Der sanfte Weg zum Gartenglück. Verlag Christian Brandstätter, Wien.

Gamerith, Werner (2006): Tiere im naturnahen Garten. avBuch, Wien.

Weber, Gerhard (2005): Rosen für naturnahe Gärten. avBuch, Wien.

Bildquellen

Umschlag und Inhalt: Werner Gamerith

Diavorträge von Werner Gamerith können bestellt werden unter der Telefonnummer + 43 72 60/41 16

IMPRESSUM

Die Deutsche Bibliothek – CIP-Einheitsaufnahme
Die Deutsche Bibliothek verzeichnet diese Publikationen in der Deutschen Nationalbibliografie; detaillierte bibliografische Daten sind im Internet über http://dnb.ddb.de abrufbar.

PROJEKTLEITUNG: Claudia Stoifl, avBUCH
REDAKTION, SATZ: Jürgen Ehrmann, media-solutions.at
UMSCHLAG: Ravenstein + Partner, Verden
BILDREPRODUKTION: Hantsch & Jesch OEG, Leopoldsdorf

DRUCK UND BINDUNG: Landesverlag Denkmayr, Linz
Printed in Austria

ISBN: 978-3-7040-2252-3